AKA Louis

LA ROSE ANDALOUSE

**Patchwork de Poésie
x de Culture/s**

© 2020, AKA Louis
© *Silent N' Wise / Silencieux X Sage*
Couverture, Textes et Artwork
Par AKA Louis
Éditeur : BOD – Books on Demand,
12 – 15 rond-point des Champs Élysées,
75008 Paris
Impression: BOD - Books on Demand,
Allemagne

ISBN: 9782322193240

Dépôt Légal: Février 2020

Je Crois_ Aux
Fleurs...

'AKA'

J'Ai Vu_ *Le Trône_
De Babylone_* x Je N'En
Ai pas Voulu...

'AKA'

A Mon Amour de
Jeunesse_ Au Teint
De Corolle_
Blanche_

A La Beauté_
De Contraste_
Vaincu...

Auquel, Je Dois_ Tout.

'AKA'

Un Arabe_ Est
Toujours_ Le Frère
d'Un Maure...
X_
Un Maure_ Est Toujours_
Le Frère d'Un Arabe...

'AKA'

Je T'Avertis_
Ô,
Andalousie_
De Ne pas Aimer
A Tords_

Blanche_ Est
Ta Corolle... ...

Mais Certainement
Pas Pour *Un*
*Rien_*

Tel_ Le Vêtement
*Du Maure_*
*Qui A Su_*
Conquérir_ La
Mauritanie_ Interne...

'AKA'

Tables des Matières

PréAmbule/
x Autres Considérations

1/La Rose Andalouse... /13
2/Avertissement /15
3/A Propos de Style /17
4/Résumé de Cet Opus /18
5/La Ponctuation Dans Le Texte /19
6/Notes de Lecture /20

Textes Poétiques/

I/La Rose Andalouse/21
II/Les Jardins Andalous/215

Bio x Infos/

1/ Bio /233
2/ Contact x Liens /235
3/ Ouvrages de L'Auteur /236
4/Audio x Vidéos /238
5/ Conseils de Lecture/1 /240
6/ Conseils de Lecture/2 /241

Le Maure_ Vêtu_ de Blanc_
Se Tient_ A
L'Horizon...

Enturbanné_ d'Un
Keffieh_ de *Pèlerinage*

*Dans Les Plans_ Parallèles_*

Qui Ont_
Vaincu,
Babylone X Son Trône...

*… Quelles_ que Soient_
Les Saisons_*

*Sache que La Corolle_*

Est_ Une...

*X_ de La Couleur_
Pourpre_ du Raisin...*

'AKA'

Je Suis_ *Comme*
*Un Prince_*
Qu'On Aurait Vendu
En Esclavage...

A Travers Flots_ x Marées...

'AKA'

Le Verbe_ Est
Tout ce qu'Il me
Reste Pour me
Défendre...

x Évoquer_ La
Beauté_ des
Merveilles_ de La
Vie...

J'Ai Esquissé_
La Poésie_
D'Une Ivresse
Imprévue_

*Afin qu'Il Reste Quelque Chose_*

Du Néant_ x des
Roseraies...

'AKA'

Au Néant_
Appartiennent Les Corolles...

'AKA'

Ô, Derviche_

x Frère_ du Néant...

Tu As Vu_
Ta Pauvreté_

x Tu L'As_
Épousée...

... Elle_ Est_
Belle de Pétales

Enivrants...

*Elle_ Est_*
Parfumée_ de
Senteurs_ Alkhôlisées

x de Pourpre Pur...

'AKA'

PréAmbule
x Autres Considérations
...

Avertissements/ Résumé/ Thématiques Principales/ Notes de Lecture x Avant Propos

Maure, Je Suis_

Vêtu de Blanc_
Je Bois_ du Vin...

'AKA'

Mes Amours_ de
Jeunesse Sont Sacrés...

Par_ Cela,
L'Exil_ se Justifie_

Ô, Presqu'Île...

'AKA'

Bois_ Un Peu_ de
Vin_

Aux Fleurs_ Pures...

'AKA'

1/ La Rose Andalouse...

La Question de La Diversité, A L'Occident,
Est Une Question Ancienne...
Elle Pose Les Thèmes de La Complémentarité,
Des Oppositions, Culturelles, Mais Aussi
Des Interdits.

Évoquer *'Une Rose Andalouse'* N'Est qu'Un
Prétexte, Pour Aborder Le Jeu Tragique
de L'Histoire, A Travers, Le Métissage,
La Créolité, Les Cohabitations, Impossibles,
Et Les Exils Forcés Qui En Résultent,
La Plupart du Temps...

C'Est Un Bel Espoir de Savoir qu'Un
Miracle Tel que L'Andalousie, A Pu
Naître En Europe, Et Particulièrement,
En Période Médiévale...

*Où L'Enjeu des Territoires, Et des
Religions, Était Sans Doute A Son
Comble...*

En Notre Ère, de Déluge Moderne, de
Terreur Et d'Inquiétude, Ou Plus Rien
N'Est Certain, En Amour comme En Fraternité,
Doit On Faire Référence, A Un Paradis,
Supposé, Et Illustre, Ayant Débouché,

*A Raison, ou A Tord, Sur Une Reconquête,
Puis, Sur Une Inquisition... ?*

Les Jardins d'Occident, Ne Sont pas
Acquis... La Pluralité des Cultures, N'Y
Est Pas Certaine... Comme Elle Ne L'Est,
Pour Personne, C'Est Sûr, Et Le Doute...
Nous Amène A Nous Demander ce qu'Il Nous
Reste A Faire...

L'Art Et la Culture, N'Ont Pas Pour Rôle
de Proposer des Réponses, Théoriques...

Mais De Faire Naître, Les Aubes, Et Les
Aurores, dans les Cœurs, Et de faire des
Fleurs, Un Espoir Pour Savoir Aimer...

S'Il Fallait Qualifier *'Une Rose Andalouse'*,
La Définition, Flirterai Avec celle de
L'Épreuve...

Et du Sentiment qu'On Éprouve, Quand Rien
N'Est Acquis, Et que L'On A Pourtant
L'Impression d'Avoir Aimer...
... Est-ce Un Tord, Ou Une Raison?
Il Faut Admettre s'Être Trompé...
Quand L'Amour Est Un Don, Sans Retour...
Autre que La Certitude d'Avoir Bien, Fait,
Quand Le Mal Existe, Et qu'Il ne faut Pas
Laisser Faire...

Sans Prendre Le Risque de Tout Gâcher.

2/ Avertissement

Le Propos de Fond de Ce Livre Est Sensible.
Il Est Réservé A Des Lecteurs Avertis,
Ou Soucieux de L'Être.
Notre Poésie A Un Flot Musical.
C'Est La Musique Et Le Rythme
Qui Définit L'Importance
Du Texte, Et Le Sens Est Secondaire.
La Signification,
N'Est Pas Absente, Mas On Peut Lire,
Sans Chercher A Comprendre...
C'Est d'Ailleurs Ainsi que La Clarté
Se Fait Le Mieux.

*Ce Livre Est L'Occasion d'Aborder
des Sujets Épineux, Comme c'Est Le Cas
Dans Bon Nombre de Nos Ouvrages.
La Priorité, Si Nous Osons, Dire, Reste
L'Art Et La Poésie, Et la Culture, Comme
Enjeu Majeur de L'Âme... Et des Dimensions
Internes de L'Humain.*

La Question de La Créolité, *Afro Latine*,
Entre Autres, Mais Aussi de Toute Forme
de Métissage,
Est Une des Contreparties, de ce Que
L'Occident, Sous La Forme de L'Andalousie, A
Vécu, En Rêve, Ou En Réalité, Comme Un Grand
Moment de L'Histoire,
Sans Doute, Plus *A Posteriori*...

Et L'Histoire Est Faite de Contraste,
Et d'Ombre,
Autant que de Lumière...
Qui Doivent Être des Leçons Pour L'Avenir de
L'Humanité...

Que Cela Soit, Dit, Ou Su, Uniquement...

Qu'On En Parle d'Une Parole,
Qui Guérisse, Est Le Plus Salvateur...

La Mention du Nom de Fatima dans ce
Livre, Est Essentiellement Poétique.
Elle N'Est Pas Nécessairement Liée,
Au Personnage Religieux.
Il S'Agit Plutôt d'*Un Parallèle Poétique,*
Entre La Péninsule Ibérique, Et L'Univers,
Perse... Ce qui N'Est Pas Incongru...

La Mention du Nom RéZA Dans Le Livre,
Ne Fait Pas Référence *Au Personnage Historique.*
L'Évocation du Thème *de La Rose Noire,*
N'Est pas Limitée, Et Notre Livre du Même Nom,
Reste Une Œuvre à Part Entière, Sans Explication
Du Choix de ce Titre.

(CF/: ô, Rose Noire d'Iran)

Les Thématiques se Recoupent, Cependant Sur
Plusieurs de Nos Ouvrages, Et Nous Invitons Le
Lecteur à Se Documenter Sur Les Sujets
Importants Évoqués Dans Nos Travaux.

3/ A Propos De Style

Nos Textes n'Ont Pas de Prétention à La Sagesse, ou Aux Sens Cachés. Ils Constituent, Avant Tout une Invitation, à Vivre, que Nous Transmettons, après l'avoir Nous Mêmes Reçue. Nous Ne Faisons qu'évoquer des Aspects Culturels, Accessibles à Tout Le Monde, et à Celui, En Particulier, Qui Sait se Frayer Un Chemin, Malgré Les Apparences Trompeuses. La Dimension Allégorique et Métaphorique des Textes des Poètes Orientaux, est Faite Pour Éveiller la Jeunesse, et Lui Permettre de Trouver Un Espoir et Une Issue. Derrière la Façade des Plaisirs, et de la Licence, Apparentes Seulement, ce Sont Les Plus Grands Thèmes, et Les Tensions Existentielles Les Plus Épineuses, Qui Sont Évoquées Et Résolues par l'Ivresse. Sans Pouvoir Atteindre l'Intensité et La Noblesse de cette, Ivresse Pieuse, Nous Avons Choisi à Travers Nos Œuvres, Le But de Perpétuer Un Certain État d'Esprit, en l'Actualisant Avec l'Ère Moderne et le Style Contemporain. Les Fondamentaux du Langage soutenu Sont Là, Mais la Fantaisie, N'est Pas Absente... L'Ivresse Poétique, N'est Pas Seulement Un Domaine, de Lettres, Mais Aussi Une Discipline de Vie...

4/Résumé de Cet Opus

La Question de La Diversité, A L'Occident, Est Une Question Ancienne...
Elle Pose Les Thèmes de La Complémentarité, Des Oppositions, Culturelles, Mais Aussi Des Interdits.
Évoquer *'Une Rose Andalouse'* N'Est qu'Un Prétexte, Pour Aborder Le Jeu Tragique de L'Histoire, A Travers, Le Métissage, La Créolité, Les Cohabitations, Impossibles, Et Les Exils Forcés Qui En Résultent, La Plupart du Temps...
Loin de Tout Académisme, AKA Louis, Ose Un Livre, Sensible, Où Tout N'Est pas Gagner d'Avance, Mais Où L'Espoir se Joue, Au Cœur de La Beauté Sincèrement Reconnue, En Avertissement, de ce Qu'Il Ne Faut pas Faire: *Prendre La Fraternité Ou L'Amour Pour Acquis, Sans Avoir fait La preuve de Son Âme*... Dans L'Espérance *que L'Andalousie, Et Le Thème, de La Corolle, Soit Une Leçon Pour Les Humanités A Venir*, Sur Les Questions du Bien, Comme Sur Celles, Épineuses du Mal...

Ce Livre Contient 189 Textes Poétiques, Et Un Texte Thématique, Inspiré Par L'Enjeu Principal du Titre.

5/La Ponctuation Dans le Texte

Virgule/, : Une virgule marque un léger temps d'arrêt. Idem pour une coupure : (…) Points de suspension/ … : Les points de suspension marquent environ deux temps d'arrêt et de silence. Doubles points de suspension/ … … : Deux groupes de points de suspension marquent environ quatre temps soit une mesure d'arrêt.
Saut de ligne : Un saut de ligne marque une pause, bien sentie. Un saut de deux lignes marque une double pause, bien sentie. Un grand tiret/ _ : Un grand tiret marque une pause subtile, avec appui sur la dernière syllabe. Retour à la ligne : Un retour à la ligne marque un rejet d'un mot, mis en valeur au début du vers suivant, avec un appui sur la fin du vers précédent. X ou x : Un « x » signifie « et ». Tempo : La durée des temps d'arrêt ou de silence se détermine par rapport au tempo de la lecture. Ce tempo est celui d'une lecture « normale ». Elle est plutôt vive et rapide, mais laisse place aux mots. // La rythmique des textes n'est pas toujours évidente, mais elle est bel et bien présente. Le Lecteur doit retrouver la dimension verbale, et musicale poétique, et accéder ainsi à la Signification Interne. Ces éléments de ponctuation ne sont que des indications. Leur utilisation relève parfois, aussi, de l'esthétique. L'emploi inhabituel des majuscules est pure Licence Poétique, et ne doit pas dérouter le Lecteur.

6/Notes de Lecture

L'Objet Principal de ce Livre,
Reste, Le Divertissement...
Et Le Plaisir de La Poésie, Et des Lettres.
La Thématique Récurrente de L'Ivresse,
Y Est Un Peu Particulière, Car Liée,
A d'Autres, Sujets, Un Peu Plus Épineux que
d'Habitude, Et Susceptibles d'Interroger le
Lecteur.
Le Livre, N'Est Pas Parfait, Mais Nous
Avons pris Grand Soin, d'Eviter Les Maladresses
Fâcheuses, Qui Ont Pu Existé, Dans
d'Autres de Nos Ouvrages Plus Anciens.
La Thématique, Orient/Occident N'Est Pas,
Ici, Traitée Avec Dualisme, Mais Dans
Un Contraste, Évocateur... A Objectif Salutaire...
C'Est Un Travail, qui Doit Être Poursuivi Par
Chacun, Car Il N'A pas Été Mené,
A Son Paroxysme, Dans ce Livre...
Nous Souhaitons A Nos Lecteurs La Meilleure
des Lectures, Et Nous Les Remercions,
Pour Leur Soutien Et Leur Fidélité...
Des Conseils de Lectures Concernant Les
Meilleurs de Nos Ouvrages, Sont Disponibles,
A la Fin de ce Livre...
(Dans ce Livre, La Question du Narrateur Reste Posée... Mais Ni L'Auteur, Ni Le Lecteur, Ne Sont Obligés d'Y Répondre...)
#Andalousie #Orient #Occident
#Jardins #Poésie #Bacchique #Perse #Iran

La Rose Andalouse
- 189 Textes Poétiques -

**Patchwork de Poésie
x de Culture/s de Voyage/s
Parallèle/s
X d'Amour/s Érudit/s**

Je Bois_ Une Coupe_
De Vin A La Rose
Andalouse...

Afin de ne Pas_
Connaître Son Nom...

Autrement Que Par
L'Ivresse de L'Amour Prude...

'AKA'

Je Connais_ Mes
Interdits_

x Je Ne Bois_ pas de Vin_
Par Hasard...

Le Verre_ Qui
Enivre_ *Est Le Sens*

De L'Exquis...

De ce Qu'Il Faut Faire_

*x Ne Surtout Pas
Faire... Même, Hésitant...*

'AKA'

1.

La Plus
Belle Rose_
Est Arabe...

J'Ai Oublié,
Mes Origines_
Pour Aller Vers
L'Autre_

Je Connais
Mes Racines, mais
La Fleur, A Raison,
De L'Être...

Je Ne Renierai
*Pas L'Amour_*
Pour Un Soupçon
De Vérité...

Rien N'Existe... ... !

'AKA'

2.

Conquis
Par La Fleur_

J'Ai Vu
L'Origine_ du
Martyr...

J'Ai Vu_
L'Ivresse *Devenir*
Redoutable...

*x Aurore/s_*

A N'En Plus,
Finir... ...

*D'Éblouissements_*
Pour Le Crépuscule
Des Territoires,
x Faciès_
Inventés...

Bas Les Masques_

L'Aurore, Est Ciselée,
De Grâces...

'AKA'

3.

J'Ai Trouvé_
Le Maroc

Intérieur...

x La Voie de
La Clarté_ *Rouge...*

*Albe Est Le
Croissant_*

*De Lune_*

Tranché... ...

*Rouges_ Sont Les
Murs de Briques...*

En Lesquels, Dansent_

Les Derviches,
Étourdis, d'Encens...

'AKA'

4.

Je Suis_
Perché_ Dans Les
Rues de La Médina...

*Celles Des Dimensions
Intérieures, x
Parallèles... ...*

*Offertes Par La
Poésie_ x L'Ivresse_*

Les Plus Pures...

A Offrir, La Danse_

Du Néant Promis...

Coiffés de Fez_

'AKA'

5.

J'Ai Eu_ Une Vie de
Discipline X de
Vertu_
*A Cause de Mon
Amour de Jeunesse.*

x_ Je Lui En Suis_
Vraiment_
Très_ Reconnaissant...

... Je Porte_ *Le
Keffieh du Pèlerin*

En Symbole_ de La
Défense_ de Ma
Terre_

Originelle... de Paradis

*Et Du Pèlerinage
Interne_ de Mon Amour_*

Interdit_ x Sacré_
D'Ivresse Prude...

Car, Je Suis_
L'Ayatollah_ de L'Ivresse...

*x L'Imam_ du Raisin x
Des Fleurs_ Très Pures... ...!*

6.

La Beauté_
D'Une Fleur_
Ne se Démontre pas

Quand On A
La Voit_ qu'On La
Ressens_

On Sait_ qu'Elle_
Est Vraie...

On Sait_
Qu'Elle Virevolte

La Gloire_ des
Tourments_
Exquis_

Comme_ En un
Désert...

Un Peu_ Comme_
Une Oasis... ...

'AKA'

7.

Je Prie_ Jusqu'A
Ressentir *Les*
Tourments_ de L'Ivresse

Telle_ Celle
Procurée_ *Par Le*
Goût d'Un Verre de
Vin...

Que *Dieu_* Existe ou
Pas_ Peu Importe...

J'Ai Une Rose_
Blanche_ A faire Fleurir

Éclatante_ Tout
Comme_ Le Vêtement
Blanc_ du Maure...

'AKA'

8.

J'Aime_ Tenir
Des Perles Dans mes
Mains_
*x Prier_*
Jusqu'A L'Ivresse...

J'Aime Prier_ A
En Être_ *Soul de*
Vivre_ x de Ne Plus
Pouvoir Marcher Droit...

Sur La Voie_ des
Roseraies_

Gauchement_

Je Danse_ x Je
*Médite_*
Sur La Beauté_ de
*La Vie_*

Puis_ Hume_ Le
Parfum_ des Fleurs_
A En Finir_

*Étourdi_*
*x Sur Le Sol_*
*Des Feu_ Envies_*
Ivre Mort...

9.

La Colombe_
Est Chaste_

Immaculée_

Comme_ Le
Vêtement_ du
Maure_

D'Éclat/s_
Courbé/s_
Tranché/s_

Telle_ La
Lune_ ou Le
Sabre_

A Leur_
Summum... ...

Esquissant_
Le Néant_

'AKA'

10.

5%_
Coupe de Vin,
X_ Arabisme... ...

*Voyage_ Intérieur_*
AlKhôlisé...
À_ Travers 7 Plans...

X, Un 8eme...

X, Un 9eme...

*Jusqu'Au 10eme_*
X Son_ Horizon,
Circulaire...

Tel_ Un_ Néant

*Avec Un_*
Point_ Au Centre.

Pour Clarté...

'AKA'

11.

Telle_ Une
Rose_

*Est_*
*L'Andalousie_*

Exhalant_
Des Parfums_
D'Esquisses_
De Lune_
Haute_ x Sobre.

*A Travers_*
*Dimensions_*
*x Plans_*

*S'Épanouit_*
*La Nostalgie_*

D'Un Amour_
Brave_ de
Jeunesse...

Ignoré_ A
L'École_ des
Humbles...

x Des Sages_ de
Madrassas_ Dispersées...

12.

L'Horizon_ des
Corolles_ Est_
Empourpré...

Je me Promène_
En des Jardins
Aux Parfums_

Andalous...

*Étourdi_*

*Je Bois_*

Un
Verre_ de Vin

*x Je Renonce_*

A Toute Forme

*De_*

Divinité... ...

'AKA'

13.

Je Veux_ Un
Tombeau_ *Vide*...

Sur_ Lequel, Il
Sera_ Écrit_

Ici_ Gît_
AKA Louis_

Il N'A Jamais_
Été_ *Dieu_*

Il A Bu_ du
Vin...

Il A Aimé_
Les Jardins_
Fleuris_

*x Les Mélodies_*

*Du Chant_ Des
Cygnes_*

A L'Aurore_ x
A L'Aube_

'AKA'

14.

Ô, Toi, Le
Cygne...

Ô, Toi, La
Vertu...

Ô, Toi, *Aux_
Cils_ Décillés Au Khôl_*

Les Yeux_
Calligraphiés_
Ébène...

*Le Paradis_
De Pas, N'Importe
Lequel_*

Des Lacs_
Fleuris_ Aux
Abords_

*Je Sais_ que
Tu Es_ Libre...*

*De Toutes_
Couleurs... ... !*

15.

J'Ai Bu_ du
Vin_

Je L'Admets...

Ce N'Est pas
Facile_ A Dire

*Mais J'Ai Pris_*
Mes Précautions.

X J'Ai Regardé_
La Lune_

*x J'Ai Vu_*
*Qu'Elle Etait_*
Belle....

Alors_ J'Ai_
Bu_ du Vin_

*Pourpre_ x Ors_*
En Son Nom...

*... Dans Un Jardin_*
De Fleurs...

'AKA'

16.

Ô,

A, L... K, H, ô, L

J'Ai La Pleine
Possession de
Mon Corps_ x de
Mon Âme...

x Je Bois_ du Vin_
Pour Bien Faire...

Le Réel_ Est Un.

*x J'Aurais_ Après
Ma Mort_ Un
Tombeau Vide...*

Les Fleurs_ Sont
Belles x Délicates...

*Ton Parfum_ Est
Le Plus_ Doux Ô,
Seigneur...*

'AKA'

17.

Je Suis_
Sous_ La Coupe
Du Vin...

Je Ne Suis_
Pas_

*Sous_ Celle de
L'Austérité...*

Entre_ Deux
Temps Est_ La
Liberté...

*x Le Souvenir_
De L'Instant_*

D'Une Fleur...
Des Parfums_ x
des Essences...
Très Purs... ...

'AKA'

18.

Je Bois_ du
Vin_

Car Je Ne
Suis pas Sombre.

La Joie_ du
Vivre_ m'A
Rendu_ Heureux.

Elle Est Née_
D'Une Colombe_
x D'Une Fleur_
Empourprée.

Elle Est Née_
D'Une Coupe_
Ronde_
Aux Ondes_
Concentriques,
De Vin_
Par Flots_
Se Déversant...

'AKA'

19.

La Religion_
Est Une
Coupe_

x La Mienne_
Est Pleine_
de
Vin...

A L'Allure_
Où_ Le Soleil_
Se Lève...

L'Aurore_ me
Verra_ Prier_
Ivre x Soul...

'AKA'

20.

Il Parait que
Je Ne_
Respecte Rien...

Il Parait_ que
Je Ne Sais_ Pas
Vivre...

Sache Que Les
Flots_
Du Vin_
Dans Le
Verre_ *Pourpre_*

*Sont Tout
Comme_*

Des Calligraphies
Prudes_ *x Ciselées*... ...

'AKA'

21.

*Ô, Sobre_ de La
Clarté_ de L'Aube...*

Tu Verras_ Après
Ta Mort_ Si
Le Vin_ Est Bon
Ou Pas...

*Moi, Je Bois,
Dès_ Maintenant...*

Ivre, je Danse...

Derviche_ *Je
Souris_ A la Vie... ...*

… Presqu'Ile *Est
La Roseraie des
Corolles_ Tranquilles...*

... Idyllique_ Est
Le Chants des Colombes
Andalouses_

x_ Exilées...

'AKA'

22.

Je Fais_ danser
Les Mots...

Je Calligraphie, Par
Lèvres Opérantes,
Loin de Tout, Prosaïsme...

Les Roses_ Sont
Belles x Andalouses...

*Ce Soir L'Ivresse_*
*Est Dense_ x Blanche_*
*x La Nuit_*
De Plénitude_ A Mauresques.

'AKA'

23.

Le Chevalier Maure_

Est de Blanc_
Vêtu_

Sous Son Armure_
Opaque...

Rappelant_ La
Lune, En Sa Beauté...

D'Un Sabre_
Aiguisé...

Il Trace_ En
Terre Ceinte_

La Calligraphie,
Sacrée...

De La Fleur_
Qu'On Ne Touche,
Point... ...

'AKA'

24.

Au Nom de La
Lune...
Au Nom du
Raisin...

Moi, Chevalier_
Maure...

En Fraternité_
Du Désert...

Je Tiens Une
Coupe de Vin...

J'Inspire Un Peu
De Brise...

Ma Prière Est
La Suivante/:

Ne Rien Dire de
L'Horizon... !

'AKA'

25.

Je Témoigne
Que La Fleur
Est Délicate...

x Qu'Il N'Y a
Qu'Un Souvenir_
Pour Mettre Fin,
à L'Oubli...

C'Est Celui_
D'Un Verre_ de
Vin

Exquis_

A Porter, En
Coupe_ à Ses
Lèvres_

Après Prière/s
Sur Rouge_Tapis_
Orné_ d'Arabesques_

*Esquissant_*
*L'Heure_ Naissante_*
x Prête *à Frémir... ...*

'AKA'

26.

Le Plus Humble
Des Hommes_
Est Venu_ *Pour_*
Les Rouges x Ors...

Fraternel_ Est
L'Oraison_ de
L'Horizon_ de
L'Asie...

... J'Ai Marché_ Très
Loin_ *Mais_*
Jamais_ Je Ne me
Suis Perdu...

J'Ai Vu Au_
Coin_ de Tes Lèvres_
Un Grain_ Joli...

x J'Ai Bu_

Le Vin Qui fait_
Éclore_ Le Cœur_
Du Sommeil...

En Pétales_ d'Éclats_ de
Saisons_ Acentrées.

'AKA'

27.

Mon Verre_ de Vin
Est Ma Proclamation...

*Face A La Taqiyya
De Ceux qui N'Ont Jamais
Bu...*

J'Honore_ Une Rose
Par Delà Contraste_ x
Néant_ de Songes...

*Il Y a Un Verre
D'Ivresse_
Pour La Bonté_ d'Être
Ivre...*

'AKA'

28.

J'Evolue_ Dans
Les Plans_
Des Corolles_
Éprouvées...

Au Sein_ Exquis_
De La Mauritanie_
Parallèle...

Verse moi_ Encore
Un Peu_ de Vin

Afin Que Je
Sois_ Ivre...

x Flore_
Éclose...

De Blanc_
Vêtu_ Tel Un
Maure...

29.

J'Ai Trouvé
La Voie_ qui
Mène Au Maroc
Intérieur...

J'Ai Mis Mon
Fez_ Sur La Tête

x J'Ai Orné_
Mon Tapis_ de
Pétales_
En Arabesques...

'AKA'

30.

Par La Corolle
Du Soleil Pourpre

J'Ai Migré
Vers L'Horizon de
L'Asie_

En Un Reflet_ Opaque
Inversé...

Qui Font de La Tige
x De La Fleur_
Une Issue_ x Une
Victoire Pour
La Lune...

'AKA'

31.

Épris_ de
L'Horizon_ de
L'Ivresse...

à Contretemps
Du Temps Mort
De La Brise...

Je Recherche
*L'Hégire_*
Vers L'Ouest...

Telles Les Lueurs
De *L'Aurore_*
Implorées_ Au
Matin...

Avec Une Rose_
Douce_ *Pour*
Orientation_ de
Prière...

x Barbe_ de
Perles_

Vêtu de Blanc
Tel Un Maure...

32.

La Poésie
Est Un
Langage En Soi.

Conjuguer Avec
Elle Est Comme
Boire Un verre
De Vin_

Écouter Sa
Musique_ Est Comme
Voler Parmi les
Oiseaux_

'AKA'

33.

Même_ *Si L'Existence*
*De Dieu_*
Reste *Indémontrable...*
*A Tout Jamais_*

Je Continuerai
*A Prier_*
Car L'Espoir Fait
Vivre...

Sers_ moi Un
Verre_ de Vin
x Tais Toi... ...

Mon Tapis_ Est Orné
D'Arabesques... ...

x Il Fait Bon_
Poétiser... La Brise_ se
Levant_

'AKA'

34.

J'Honore_ *L'Andalousie_*
En_ Une Rose_ Blanche...

Sans Contraire,
x Sans Opposé/s...

Dans Le Contraste_
De L'Arabité_ Pure...

*Sache_ qu'Un Maure_*
*Est Toujours_*
*De Blanc_ Vêtu_*

Jamais_ Têtu_

*Sauf Pour Poétiser_*
x Boire_ Un Verre
De Vin...

x Prier_ Sur
Tapis Rouge_ Orné,
d'Arabesques... ...

Dans Les Jardins_
De La Mauritanie... ...

La Plus_ *Audacieuse...*
D'Impeccabilité... ...

35.

Si Tu Restes_ *Prosaïque*...

Saches_ Que Je Serai RéZA_

En Poésie...

*... L'Iran_
Est Circonscrite_ de
Roseraies...*

*En Presqu'Îles_
D'Embellies_ d'Art...*

Je Saisi_
La Rose Sans Ruses_
x_ Poétise...

Autour_ du Vin_ x De
L'Arabisme_

Le Plus_ Imprévu... ...

*Ou De La Rose_ Blanche_
D'Andalousie...*

*Amoureuse_
X A Mauresques...* ...

En Corolles_D'Osée_ Oraison...
Sans Ronces_ X de L'Ivresse_ Pure...

36.

*Andalouse_ Est
La Blanche_
Corolle_*

*Mais Sans Inversion_
x Sans_ Opposé...*

Par L'Arabité_
En Contraste_
Élégant_

x Par Le Vin_
Bon...

*J'Attise_ La
Vengeance_ En Intrigant
Derviche_
Serein_ X*

Adepte_ du Réel.

Sans Songes_ Évanescents... ...

'AKA'

37.

L'Amour_ N'Est
Pas Donné_
Sous Les Mêmes
Formes à Tout
Le Monde...

Il faut Être_
Un Oiseau_ Pour
Être Épris_
De Liberté....

Les Fleurs_
Ont Un Parfum_
Doux_
x Leurs Corolles
Sont Jolies...

L'Ivresse_ de
La Rosée_
Reflète_ Le
Néant_ Abscons.

'AKA'

38.

J'Ai
Retrouvé
La Voie_ des
Origines_

En Chorégraphiant
Une Poésie_

Par Le Tracé
D'Une Plume_ Trop
Pourpre_ Pour Ne Pas Avoir
Été Trempée_ Dans
Le Vin...

Moi, /AKA/

Poète_ Armé...

Je Médite_ Le
*Silence_*
Jusqu'à
L'Éclosion_ des
Fleurs_ de L'Instant

Prompt_ à_ Compter_ Puis,
à Tenir_ Puis, à
Compter_ Les Perles,

Dans Toutes Leurs
Rondeurs_ x Leurs_ Circonférences...

39.

L'Horizon
De L'Origine_
Est_ Abscons.

*Sur Un Banc_
Assis_*

*Les Derviches_
Dissertent...*

Sur Les
Essences_

x Les Parfums_
Des_ Tonalités.

Abrège_ *Ma
Patience_ Ô,
Toi...*

*Par Le Vin_
Qui Coule_
Du Secret_ des
Fleurs...*

x Je Serai_
Conquis_ Par
La Rosée_
Qui Perle_ Depuis_ Les
Abords_ des Corolles...

40.

Je Détiens_
Le Sabre...

x Un Verre de
Vin_ m'Attend
à L'Horizon...

(...)

Un Maure_ qui
Buvait du Vin_

A Dissipé_
Les_ Interrogations

Au Sujet_ du
Christo Negro...

L'Al Khôl_ Est Suprême.

'AKA'

41.

Ô, Andalousie

Mère_ des
*Moriscos_*

Des Marones

Des Marranes

x Des
Mozarabes...

*Tu Vis_*
à Travers_ Les
Temples x Les Cultures...

Dans La
Diversité_ *Incompréhensible*

Des Horizons

Sans Que Nul_ Ne Sache D'Où
Vient_ Le Souffle_
De La Brise...

Ni, L'Inspiration
Des Poètes_ Amoureux

x Addictes_ De La Coupe_
De Vin_ x De_ Ses Perles

42.

Beaucoup
Prétendent
Savoir_ qui
Je Suis...

Moi, Je Ne Le
Sais Pas...

Il N'Y a
Pas d'Horizon
Autre_
Pour Mon Salut

Qu'Un Verre
De Vin_ qui_
Mène à L'Oubli

'AKA'

43.

Je Veux_ Une
Coupe de_ Vin
Remplie à Ras
Bord...

La Beauté, d'Un
Horizon_ Frais
x Pur...

Mon Front_ Sur
Le Sol_ Pauvre
x Humble...

Une Pratique
Sans Théories...

x Un Tapis_
D'Arabesques Fleuries,

Écloses x Pourpres...!

De L'Eau_ x des
Alizées_ Pour me
Rafraîchir...Un Peu, Plus.

'ΛKA'

44.

Le Mal_ Est
Déjà Fait_

Je Ne Parle
Pas d'Amour_

Mais J'En Ai
Bu La Coupe_
Difficile...

Le Séjour_ des
Oiseaux_ se Trouve
Sur Une Presqu'Île,
Empourprée...

De La Majesté_
De L'Aube_

x De L'Aurore_
Mêlées_
... En Tonalités_
Rouges...

*Ors x Roses_ x
Oranges... x Souffre.*

'AKA'

45.

Tu Es_
Noire_ Telle
Une Rose_ de
Turquie...

Azur_ Profond,
Comme La Rosée_
Qui Perle_ à
Ses Abords...

Fluo_
Comme_ Les
Hallucinations
Qui En Résultent

'AKA'

46.

Je Pose_
Mon Front_ Sur
Le Sol_

Après Avoir
Délimité_ Un
Espace de
Recueillement...

*Je Lève_ Le
Visage_
x Contemple_
L'Horizon_
De L'Orient_*

Totalement_ Ivre_

*De Prières
x Des Quelques
Fleurs_ de L'Oasis...*

Saluant_ Les
Anges_ de La Droite,
x De La Gauche...

... J'Efface_ Les
Traces Dans Le Sable...

Puis_ Écoute_
Un Oiseau_ *Prêcher_*

Une Nouvelle Ère...
D'Art x De Culture,
En Battant_ des
Ailes, Assis_
Sur Une Branche...

En Odes Au Désert...

'AKA'

47.

Il N'Y Aura
Pas de *Christo Negro*...

Sauf_ Peut
Être_ *Une Vierge_
De Guadalupe*...

*A La Peau_
Rouge_*

Telle La Terre
De L'Amazonie...

Encore Sauvage,
Devant_ Les
Conquistadors...

... Qui Connait_
L'Origine_

D'Une Religion...

Ne Peut_ que Craindre_ *La Bonté_
D'Un Cœur_ Pur*

Au Delà Des Formes...
Des Couleurs_ x Des Saisons...

Des Perles_ on N'En Compte_
Plus, Dans L'Azur_ Le Plus, Pourpre... ...

48.

L'Albe
Négritude
A Passé La
Porte de L'Oubli_

Mais Le Qu'En
Dira-T-On,
N'Aura Pas Raison
Des Origines...

Qu'As-Tu
à Douter_ Ô, Fils
Des Masques Ébènes...

Sculptés, Dans
La Géométrie,
Pure_ x Dure_
Du Tracé de La
Machette...

Tu N'Es Pas Obligé
D'Être Noir...

Le Non-Sens
Succombe, Face à
L'Unicité...

'AKA'

49.

A La
Recherche du
*Christo Negro_*

Des Confins
De L'Amérique
Latine...

Aux Cultes,
Refoulés
Du Sud de L'Europe...

Saches_! Ô,
Conquistador...

Que Si Tu Cherche
L'Enfant Ébène...

Tu Ne Trouveras,
Pas d'Autre_
Trésor...

Qu'Un Black Out...

'AKA'

50.

Il N'Y a
Pas de Couronne
Au Bout du
Chemin...

Il Y a des
Guenilles...

Des Lambeaux
D'Étoffes...

Des Sauterelles,
x Du Miel_

x Il Y a
Le Désert...

'AKA'

51.

Il Faut des
Années Pour
Distinguer
Un Parfum_
D'Un Autre...

Un Pétale,
D'Un Autre...

Toutes Les
Fleurs_ Ne Sont
Pas Les Mêmes...

... Je me Risque
à Goûter, La
Grenade, Comme
Un Morisco...

Que Le Derviche
S'Enivre de Vin,
Ne me Dérange Pas.

Que Le Dévot,
Le Fasse, Prouve
Son Incompétence...

'AKA'

52.

Je Revendique
Mon Droit_
à Prier,
Même Si Je Ne
Crois Pas_

Je Proclame
Mon Envie_
De Partager
Mon Amour_
... des Perles...

... De Raisins

De Rosée...

De Rosaces,
De Style Mozarabe...

En La Mozaïque
De Clarté_

Réside_ Le Dôme
Du Néant_ de
Jaspe...

'AKA'

53.

La Pauvreté
Ne s'Achète
Pas_

Mais La
Richesse
A Un Prix_

Offre moi,
des Fleurs de
Bonté_

Ma Douce...

Je Veux_
Respirer Les
Parfums des Cultures

Qui Rendent Prompt
à Aimer...

'AKA'

54.

Les Plus
Belles Fleurs
Poussent Dans
Un_ Désordre...

s'Abreuvant
De L'Eau_
D'Un Chaos à Même
De Sourire...

Face Aux Lueurs
De L'Aube_
*N'Ayant Prévu qu'Un
Soupir...*

Les Fassent
Frémir_ *Aux Abords,
Dangereux_
D'Une Corolle... ...*

'AKA'

55.

Les Conquistadors
Ont Voyagé...

De Mer En Terre,
x De Terre En Mer...

*Rencontrant
Des Populations_
Outragées...*

*De Les Avoir Pris
Pour des Dieux...*

Un Peu de
Temps Laissé...

Pour Justifier_
Un Rosaire...

x La Douleur
D'Aimer...

A Fait Sombrer
Les Cités d'Or_

'AKA'

56.

Ô, Ascète.

... Il Te Manque
Un_ *Vêtement Blanc_*

*Pour Justifier Tes
Dreadlocks... ...*

Ô, Sâdhu

Il Te Manque
Un Vin, Pourpre,

Pour Effacer Le
Trouble des Pensées.

J'Ai Eu des
Perles_ Bantus__

Rondes_ Telles des
Bourgeons_ *Prêts à Fleurir*

J'Ai Fini Par Passer La Lame,
Sur Mon Crâne_

Mais J'Ai
Laissé Pousser Ma Barbe_

Longue_ En Maure, Prêt à Prier.

57.

Un Roi
Couronné de
Pourpre_
En Un Horizon
De Chiffres_
Inversés...

Met Fin
Au Temps
*d'Attente_*
Qui A Fait
Pousser des
*Dreadlocks_*
Trop Longues...

Il N'Y Aura
*Pas d'Astre_*

En Lumière_

Ce Soir...

Il N'Y Aura
Pas de Salut
*Autre_*
Qu'En L'Imam
*Interne_*

Au Nom du Néant.

58.

Le Prince_ Est_
Ivre...

Derviche x
Soul_
à Ses Heures
Perdues.

Égaré_

Entre Une
Fleur_
x Un Verre de Vin.

Dansant, Prude...

Sur Le Chemin_
Des Pétales.

'AKA'

59.

J'Ai Trouvé
Mon Salut dans
Le Néant_
De Divinité... ...

J'Ai Fait
Mon Devoir_
Donc_
Ne m'Appelle
Pas *Dieu*_
Après, m'Avoir_
Trahi...

J'Ai Vécu_
Pour de Bon,

Sans Médire_
Sur L'Essentiel

X J'Ai Bu Un
Peu de Vin_

Pour Finir
Derviche_ x Soul...

Pour de Bon... ...

60.

Tu Veux
Savoir ce Que
Je Prêche...?

Le Vent_

La Brise...

Les Lueurs de
La Lune_
Qui Brillent_
à Travers La Nuit

Un Petit Rien
D'Instant_
Pour Apprécier_
Un Soupir...

Le Néant_
Absolu_

Pour Une Ivresse
Sans Lendemain...

'AKA'

61.

Quand On
Parle à Une
Fleur_
Il Faut Savoir
à Quoi On
S'Engage...

Il N'Est
Pas Donné_ à
Tout Le Monde
De Marcher
Sur Un Chemin
De Pétales...

Le Cœur
Averti_

'AKA'

62.

J'Ai Vu *L'Olivier*...

J'Ai *Vu L'Arbre
Qu'On Ne Doit pas,
Sacrifier*...

J'Ai Vu L'Huile
Qui Guérit x
Rend Bon_

X_ La
Fin du Paravent
Des Dilemmes... ...

'AKA'

63.

Je Crois
En L'Asie_

En L'Orient
Flamboyant...

De Fleurs
Roses x Rouges.

De Pétales qui
Virevoltent...

x D'Ivresse/s_
Assouvie/s...

Une Fois Pour
De Bon_

x Une Fois Pour
Toutes_

Une Cuite_
D'Extases Prudes.

'AKA'

64.

L'Arabie
Est Une Île.

Une Contrée, de
Mirages, d'Odes_
x De Désillusions...

Une Presqu'Île
Extatique...

D'Oasis, Prudes.

... De Beautés.

x De Fleurs_
Sauvages...

Jamais Conquise,
Autrement_

Que Par L'Énigme,
De La Foi Ambidextre.

x Amoureuse.

'AKA'

65.

Ta Crinière
De Laine_
A Le Parfum_
Des Tourments
Doux...

Ta Peau_ Sucrée,

Le Goût, Âpre_
Du Tendre_ Caramel...

Étourdi, x Ivre,
Je Fais Danser
Mes Doigts_
Sur Les Collines
x Combes de Ton
Corps, Sacré_

Hypnotisé_
Par Le Bout de
Tes Seins_ Aux
Allures Excitantes,
De Concada...

'AKA'

66.

J'Ai Fait
Un Pèlerinage,
Inversé_
Vers La Rose
De Lima_

J'Ai Fait Un
Séjour_
Au Cœur, Exquis_
Des Lys du Brésil_

Vêtu de La
Robe Claire_
Du Sûfi_
Tranquille_
x Méditant...

Je Marmonne_
Des Soupirs
Exaltés_
De Parfums_
En Comptant des
Perles...

'AKA'

67.

Peau Brûlée_

Peau Brûlée,
Aux Couleurs
des Parfums de
L'Encens, Brun_

De Prières_
Redoutées_
x De Mélanges
de Pétales, Prudes...

à L'Allure, Cambrée_
De Révélation/s_

Courtoise/s.

Peaux Brûlée,
De La Caresse_
Qui me Toise... !

'AKA'

68.

Ô, Corolle
Grave_
De Beauté, Albe_

Ô, Négresse_
Des Lys Aux
Délices de L'Être.

Je Succombe
Aux Parfums de
L'Avenir Chaste...

De L'Ivresse
Redoutable_
à Finir_ Ivre
Mort...

'AKA'

69.

Les Maures
Ont Fait de
L'Andalousie_

Un Royaume
Unique...

x De La Beauté,
D'Une Myriade_
De Peuples...

L'Unicité_
D'Une Conquête_
Interne...

Ô, Cœur_
Couleur Grenade.

x Tendre Lune_
De La Nuit Brune.

La Danse_ Des
Amants Ibériques...

Reflète Le Drame
D'Un Amour Victorieux

'AKA'

70.

Tu Es Blanche
Comme Le Lys_

Mais Tu Es
Une Aube_ *Noire*...

... J'Ai Le Parfum
De Tes Pétales
Au Cœur de Mes
Pensées Les
Plus Silencieuses,

x Les Plus Anéanties.

... Belle_ Comme La Lune_

Jolie_ Telle_ La Nuit...

J'Entrevois_
La Beauté de Ton
Ombre_ dans Son
Éclipse_ Si Florale...

Que Je Veux Vivre
à Tes Cotés_ Pour
Méditer La Gloire
Tendre_ x Brune_

D'Être Conquis
Comme Une Presqu'Île...

71.

Je Suis Blanc Comme
Le Lys_

Nègre_ Tel
Un Masque_ Sculpté_ dans
Le Bois, x Le
Sang...

La Couleur
Rouge_ de L'Huile
De Palme x La
Sueur...

Face Aux Albes_
Corolles x Plumes
Ivoire_ de Colombe...

Font De La Vie,
Une Perle Si Précieuse_

Que L'Innocence
Succombe_

En La Nuit_ Profonde...
De Cristal x de Jaspe.

... Le Pourpre du Vin_
Est Tendre, Mais Âpre_

Car Riche En Éclats_ Du Néant_

72.

Si Tu Penses
Qu'On Est
Frères
Pour s'Être
Croisés_
à Un Moment,
Dans L'Histoire

Peu Importe
La Couleur...

Ce N'Est Pas
La Question...

Ce Qui Compte

C'Est L'Unicité
Qui Nous Rassemble.

Puis_ Nous
Sépare...

Pour que Nous,
Puissions, Nous_
Retrouver_ A Nouveau.

'AKA'

73.

Je Suis
Le Maure_
Vêtu de Blanc

Dont La Robe,
A La Couleur
Du Lys...

Le Parfum, des
Roses_ En
Précipice...

M'A Offert_
L'Horizon
Andalou...
Tendre x Musqué.

'AKA'

74.

La Corolle
Est Exquise...

Le Plus Beaux
Des Lys_

M'A Donné_

L'Envie x
L'Occasion de
Méditer...

Assis_
En Tailleur

Au Cœur_ de
La Mosquée_

Tu Verras
Qui Je Suis/:

Un Maure_
Avec des
Dreadlocks...

'AKA'

75.

Je Veux
Le Sourire
De La Lune_

Sous La Forme
De L'Envol_
D'Une Colombe

Garde-moi,
Un Peu de Vin_

Pour Les Beaux
Jours, Déjà Perdus_

*Tu Cherches
à Savoir
Où Est
Le Portugal
x La Cambrure_
De_ L'Espagne...*

Mais, moi, Je Te
Dis_ Que La
Rose_ Est
Andalouse...

'AKA'

76.

Je Suis Le
Fils du Lys_

Le Bien Aimé
De Suze...

Le Rejeton_
D'Andalousie...

Au Nom Béni_
Puis, Trahi...

Avant L'Ultime_
Résurrection...

Avant La
Corolle, Éprouvée.

'AKA'

77.

*En Arabité_*
Il N'Y a
Pas de Blanc
Il N'Y a
Pas de Noir...

Il N'Y a_
Que des *Horizons*
D'Arabisme/s... ...

Saches que
Je Suis Épris
de Liberté
x d'Espoir... ...

Saches que
L'Horizon_
Est Telle
Une Colombe_
Meurtrie_
D'Avoir Aimé...

'AKA'

78.

J'Aime La
Liberté
Tels Les
Arabes du Désert.

x Les Colombes
Redoutées_ Qui
Font Virevolter
Les Grains de Sable...

Je N'Ai Point
Douté, Avant de
Goûter Un Verre de
Vin Délicieux...

Ni Hésité_
Face Au Dilemme
De La Rose_
Andalouse...
x Éternelle...

'AKA'

79.

Les Visions
s'Evanouissent...

Elles Ne Demeurent
Pas_

x Ne Restent Point

En L'Instant
Éclos_

Rouge de
Douceurs...

x De Beaux Effets
D'Al Khôl...

'AKA'

80.

Vêtu de *Rouge_*
Avec Un Bâton... ...

Côtoyant Les Plus
Belles Fleurs de
L'Ivresse...

Je Goûte Au Soupir
De Tes Lèvres_
Onctueuses...

Ô, Reine des
Floraisons...

x Des Flots de Rosée
à *L'Ombre Si Pieuse*
De L'Aube... ... !

'AKA'

81.

Je Peux Être
Fier de Sentir
Le Parfum
D'Une Fleur...

J'Ai Une Fleur Avec moi,
x C'Est Tout Ce qui
Compte...

La Fleur Est Tout ce
Que J'Ai_ x Ce Qu'Il me Reste

x J'Enrage...

De Ne L'Avoir Su_ Plus...
Tôt.

Au Crépuscule_

Des Corolles_
Il Y A Une Fleur qui
Renait, En Aube...

Au Crépuscule des Corolles
Il Y A Une Fleur qui
s'Appelle Rose...

'AKA'

82.

Des Ronces ont
Poussées Autour
Du Trésor
De Mon Cœur...

Je Les Ai
Enlevées_
Une à Une...
Sans Médire...

La Cause... ?

Un Mot de Trop.

Un Juge des Maux.

X Des Soupirs...

Un Bon Songe...
N'Est Mensonge...

Que Si L'Œil_
N'Est Clos.

'AKA'

83.

Même La Fleur
La Plus
Sauvage_ A
Trouvé Grâce
A Mes Yeux...

Même La Corolle
Qui m'A_ Fait
Du Mal,

Je L'Ai
Trouvé_ Jolie.

Pourquoi mon
Cœur n'En
Viendrai Pas à
Fleurir...

Pour La Honte,
Déjouée_
Du Goût d'Un
Verre de Vin... ?

... Sois, Soul,
Avec moi_ Si Tu
Es Un Derviche...

'AKA'

84.

Qu'On me Dise
Que Je Suis_
Égaré x *Derviche*...

Peu m'Importe...

Je Sais Pourquoi_
Je Suis Devenu Fou_

x J'Ai de Quoi_
Justifier_
Ma Folie...

Ne Contemple
Pas L'Horizon_
Au Loin_

*L'Amour Ne Souffre
Pas d'Approche_
Moribonde...*

*Vêtu de Blanc_
Je Suis Maure_
x Ornée de Liserais
Floraux...*

Est ma Robe_
Plus Éclatante,
Que Les Lys
Des Champs...

85.

Quand On Voit
Un Frère_

On Ne Le Prend
Pas Pour Un
Songe...

Même Si Il
Est Différent....

x Qu'On Ne Le
Comprend Pas_

Quand On Voit
Un Frère_
x Maudit L'Aube_
Des Visions...

L'Aurore des
Yeux Clos_

Ronde...

à Faire Fleurir
Un Cœur_

x Faire danser Les Ondes.

En Mélodie_
D'Épreuves_

Vaincues...

On Succombe_ En Fleur/s...
Sombre/s.

'AKA'

86.

Tel Un
Chevalier_
Maure...

Tel Un
Chevalier_
En Armure...

D'Amour
Aux Allures...

D'Hirondelles
Blanches...

x De Belles
Colombes_

Noires...

Je N'Ai Bâti
*De Château_ En
Espagne*...

Mais Ai Conquis_
*L'Andalousie_
De Mon Cœur_*

...

'AKA'

87.

Ô Frère,

Tu
As Trouvé La Voie
De La Vie_

x Je Te Salue
Pour L'Avoir Partagé,
Avec moi.

La Forme Est
Unique_

x Bien Loin des
Préjugés, Changeants.

Il n'Y a Pas
De Nombre Pour
Indiquer La Lettre
Qui Signe Le Néant_
De La Grâce Pure.

'AKA'

88.

Ébène ou Ivoire
Qu'Importe_

L'Arabité, m'A Offert
D'Autres_ Horizons…

Qu'Importe_ d'Être,
Ou de Ne pas
Être…

Un Soupçon_
De Contraste_ x

La Lumière_ Fut.

'AKA'

89.

La Lune_ à
Son Summum

D'Accord.

Des Horizons_
De Puretés...

Ok.

Le Doux_
Parfum d'Une
Corolle...

Je Veux_ Bien

Mais Un
Christo
Negro... ...

Pour Quoi
Faire?

'AKA'

90.

Je Suis
En Haut_ de
La Montagne_
Comme
Esteban...

Les Yeux
Devenus_
Bleus_ Par
L'Âge_ x
Le Cigare
Cubain...

Le Souvenir
x La Mémoire
Me Font
Certainement
Défaut...

Mais_ Comme
Marron_
Encore_
J'Ai Plein
D'Histoires
de Fuites à
Raconter...

'AKA'

91.

Ébène_ Telle
La Nuit_
Étincelée_
Des Prémisses
De L'Aurore...

Une Rose_
Pourpre...

A Jaillit_ En_
Éclosion/s_
Des Horizons_

x de Lumières...

x Redoutables_
Dangereux_

Comme La
Prophétie_ d'Une
Panthère Noire...

Venue Venger_
Ses Enfants_
Par
Le Tranchant_
des
Corolles
Interdites...

92.

Au Cœur_ de
L'Andalousie
Vit_
La Pluralité_ des
Mondes...

La Corolle_ Est
Blanche x Je
Dénonce_ Les
Inversions...

La Coupe_ de Vin,
Conduit_ Au
Sein_ de La Réalité

L'Horizon_ Est
Pur_
x Sûre_ Est
L'Ivresse_ du Réel.

'AKA'

93.

L'Andalouse_
Est Délicieuse...

Brune_ Farouche
*Rouge_* Aux
Lèvres...

Tulipe_ *En
Bouche...*

Chevelure_ Très
Douce_ x
Ruisselante...

Adalente...!

Les Pas de Danse_
Sont Meurtriers...

x Elle_ Virevolte,
La Robe_ Au Teint_
Pourpre_ de La
Nuit_ Sombre_
Du Bel Été... Sans
Fin/s...

'AKA'

94.

L'Andalouse_
Est Exquise...

Elle A Une
Chevelure_
Abondante...

Une Corolle_
De Merveilles...

A Coté_ de Ses
Deux_ Yeux...

A L'Oreille_ Juste,

x Prête_ A Entendre...

Le Silence_ qui
N'Attend_ Pas...

Le Mélodie_ de La
Brise...

'AKA'

95.

J'Ai Fait
Un Pèlerinage
Vers Le_
Rhum....

Sur Le
Chemin des Fleurs
Qui Ont Poussées,
Dans La Souffrance
...

*De La Corolle_*
Du Martyr...

Aux Rosaces
De La Foi_ Éternelle...

Le Bon Jus
Du Sucre_ Respire...

L'Éclatement
Des Chaînes_ En Marge...
*Du Marronnage_*

De La Sobriété...

J'Ai Fait Un
Pèlerinage_ Vers
L'Ivresse, Qui A Mûrit de
Pure Bonté.... *x De Clémence...*

96.

Sur La Route
Du Rhum...

x Des Saveurs_
De Mélasse...

Le Jus_ de La
Canne...

L'Amertume_ de
La Mer_ Pourpre...

Ont Tant_ Vu_
De Misère...

Le Cortège...
Avertissant_

Les Songes...
Des Dieux_ Jaloux...

x Des Saints_
Trop Ivres...

Pour Ne Point_
Finir_ En Danse/s
Carnavalesques...

97.

A La Manière_
D'Ibn Hazm...

Fréquentant_
Ses Dulcinées...

Je Médite_
Sur Les Tourments...

Des Douceurs_
Des Raffinements...

x De L'Aube_ Délicate.

... Le Bain_ Âpre_ Est
Fleuri...

L'Exil_ Est
Douloureux...

La Prière_ A Le
Parfum...

De La Grâce_ de
La Lune_ Haute...

'AKA'

98.

Comme_ Une
Grenade_ Mordue_
A Pleines_ Dents...

Le Corps_ Doux_
x Cambré_
Propice à La
Caresse...

x A La Poésie_
De La Prose_

(...)
De La Mélodie_
De L'Âme...

Rondelette... Ou
Demie Ronde...

... Ami_ Ou
Amant_ Il Faut
Choisir...

Il Faut_ Subir_
Le Supplice_
Du Culte_ des
Cœurs_ Purs...

'AKA'

99.

Azur_ Bistre
Ivoire_ Telle
Saba_ Reine...
Sur Son Trône.

Age_ du Taureau
Sûrat_ Aux Versets

De Protection...

Où_ Est Salomon?
x Sa Robe_ de
Lys_ Sans Une
Once...

D'Ombre/s_

Aux Vertus_ Mais Claire
Comme de L'Eau_
En Rosée_ Au Matin...

'AKA'

100.

Vêtu_ de
Laine_
Tel Al Hakim.

Psalmodiant_
En Silence/s
Assis_
Sur Le Dos_
D'Un Âne...

Je Pars
En Quête_
de Quelques
Oasis_

Que J'Hallucine

Sans Que
L'On Sache_
Ce qu'Il
Adviendra_

De Ce Qui
Est_ x N'Est
Pas...

'AKA'

101.

Comme A La
Vitesse de La
Lumière_
Définie Par
Ibn Haytham...

Les Images_
S'Inversent_ x
Se Répondent_

En Iconographie
Iconoclaste...

L'Iris_
Entrevoit Les
Fractales_
En Son Propre_
Maelström...

L'Univers_
S'Eclipse_ Puis,
N'Existe_ Plus...

'AKA'

102.

Je Suis_
Vêtu_ de Blanc,
Devant La
Lune...

Je Suis_ Élégant_
Tel Un Maure_
Qui se Tient_

A L'Horizon...

... La Corolle_ Est
A Mauresque/s... ...

Les Pétales_
Sont d'Amoureux_

Contes_
Chevaleresques_

D'Épées_ x Sabres_ Courbés,
En Esquisses_

Évoquant_
Les Battements_
D'Ailes_ Rappelant_ Ceux,
Des Cils_ de_ La_ Bienheureuse...

Rose_ Andalouse... Joue/s_ de L'Exquise...

103.

Les Princes_
Ont_ Eu Peur_
Devant La
Demie Sphère_
De La Coupe_
De Vin,
Empourpré...

La Fleur_ La
Plus Haute_
A Des Parfums_
Qui Tourmentent.

A En Finir_
Hagard...

... Fais_ Un Pas
A Gauche_ Ô,
Prince...

x Tu Perdras_
Jusqu'A Ta_
Noblesse...

Fais Un Pas_
A Droite_

x Ta Gaucherie,
Te Confrontera_
Aux Derviches...

104.

Depuis_ Les
Confins_ *Hispaniques*

Jusqu'Aux 4
Coins_ du Monde...

J'Entrevois_
Des Constellations_
De Madrassas_

Invisibles_

Aux Parfums_ de
Corolles_

Andalouses... ...

... Après Avoir_
Compter_ Chapelet_
De Perles_
De Fleurs_ x de
Pétales...

Verre_ de Vin_
A L'Appui...

Pour Une Ivresse_
Véridique... x

Très Douce... A Finir Ivre Mort.

105.

*Al Andalus_*
*S'Est Éclipsée_*
Il Y a
Longtemps...

Gibraltar_
x Les Colonnes_
D'Hercule_

*Ont_ Inauguré_*
*Un Extrême_*
*Occident_*

Qui Avide_ de
Rayons_ Purs_

Veut_ Resplendir, Vers_ Les
Confins...

Mais L'Horizon_
Est
Circulaire_

X La Lumière_ Aussi...

Sans que L'Est_
x L'Ouest_ Ne Tournent_
Sur
Eux Mêmes...

106.

Les Austérités_
Ont_ Pris des
Couleurs_
De Roses_
Écloses...
x Délicates...

Face_ A La
Beauté_
Du *Contraste_*
Absolu...

*Éclats_ de L'Aube_*
Arabisme_ x
Coupe_ de Vin

Ont Fait_ de
L'Ivresse_ Une
Issue_
*Là Où L'Impasse_*
Est Si Traître... ... !

'AKA'

107.

La Fleur_
Est La Limite

Au Delà_ de
7 Plans_

Survolent_ Les
5 Doigts_ de La
Main_

La Coupe_ de
Vin_ Puis,

La Saisissent...

Avant_ que
L'Ivresse_ Ne
Te Fasse_
Entrevoir_
Les 5 Lettres_

En Mouvement_
De Sphères_ x de
Dimensions_
Étourdissantes...

Pour Le Bien.

'AKA'

108.

J'Ai Vu_
L'Arabité_
Dans Sa Gloire.
X_
Par_ *Andalousie*

J'Entends_

*Une Constellation
De Mondes_*

x Des Maures_
Qui Dissertent_
De Blanc_
Vêtus_ ...

En Calligraphie/s_
Silencieuse/s...

Sur Les
Espaces_ x Les
Temps_

Les Orbes_ x, Les Astres_

Le Néant_ x La Coupe_ *de Vin_*
Qu'On Ne Sonde...

*Dans des Madrassas_ Au_ Delà_* des
Lieux_ x des_ Heures...

109.

Le Derviche_
Passe_ Pour Un
Égaré...
Aux Yeux_ des
Uns x_ des_
Autres...

Mais La Coupe_
De Vin_
Témoigne_
De Sa Vertu_

En Corolles_
De L'Ivresse... Pure.

'AKA'

110.

Qui Viendra_
M'Interdire_ de
Boire_ du Vin?

Ne Dis_ Pas
Au Derviche_

Ce qu'Il En_
Est_
Des Parfums

Des Senteurs_
Des Essences_ x
De L'Horizon.

A Trop_ Aimer_
La Raison_
On Passe_ A
Côté_ du Raisin.

Prompt_ A Faire_
Fleurir_ Un
Cœur_ Juste...

'AKA'

111.

Respecte_ 5%_ de
*Pauvres_*
*Enseignants_*

*x Tu Navigues_*
Auprès_ du Réel/.

Depuis_
L'Andalousie_
Des Maures_

Jusqu'Aux_
Pétales_ *d'Une*
Rose_ Noire_

De Perse...

... Le Vin_ N'Est
Pas Donné_ A
Tout Le Monde...

Mais_ La Lune,
*Ne Succombe_*
*Car_*

Elle Est Une
Lumière_ A Son Summum...

En Beau_
Sourir_ d'Éclat_ X_ de Clarté...

112.

La Poésie_
C'Est Le Réel...

Les Tourments_
Exquis_
De L'Ivresse_
x L'Éclat_

De Coupe_
Aussi... ...

A Chercher_
Le Plus Sombre,
Que Le_ Sombre... ...

Ont Finit_ *En*
*Des Impasses_*
Mortifères...

Le Maure_ Est
Vêtu_ de Blanc_
x Tu Le_ Sais...

'AKA'

113.

La Rose_
Andalouse_

A Fait_ Renaître
Les Horizons_
De La Perse...

Comme_ Une
Invocation_ de
L'Oubli_

Du Martyr_
Des Courageux...

Comme_ Un
Souvenir_ Bien
Précis_ d'Un
*Amour_*
x D'Un Tourment
De Jeunesse...

Comme_ Un
Compte_ de Perle
De Fatima...

En Souvenir_
De Celui_ qui
Est Élevé...

'AKA'

114.

Quand On_
Pardonne_ Il
Y a Toujours_ Un
Prix_
A_ Payer...

Lorsqu'On Verse
Un Peu_ de
Vin_
Les Étincelles
Viennent_
Jalouser_ Les
Fleurs...

*De L'Andalousie_*
A Fatima...

De Fatima_ *A La*
*Rose_ Noire_*
De Perse...

L'Horizon_
N'Est pas_ Tranché
Sans_ *Salut_*
*x Élévation_*
Du Néant_ En Sphère
Suprême... ...!

'AKA'

115.

Andalouse_
Est Cette Rose.

*x Fatima_
Est Son Nom... ...*

Au_ Delà_ du
Contraste_

Est Le Summum_
De *La Lune_
D'Iran...*

Par Delà_ Les
Jugements_ *Est La
Corolle_ d'Ivresse
Arabique... ... !*

'AKA'

116.

On Obtient_
Son Salut_ Quand
On se Repend...

Je me Suis_
Repenti_ x J'Ai
Bu_ du Vin...

La Corolle_
Est Pourpre_
x Fier_ de
Son Vêtement...

Le Maure_ Est
De Blanc, Vêtu_
x IL N'Y a de
Doute/s A ce_
Sujet...

'AKA'

117.

Un Royaume_
Unique_

x Une Rose_
Andalouse...

Par Delà_
Le Jugement_

De ce Qui_
Est_
Noir_ Ou Blanc_

Ô, Fatimeh_ !
De Blanc_ Vêtu_

Je Suis...

'AKA'

118.

De Blanc_ Vêtu_
Je Suis...

Comme_ Le Sont,
Mes Frères_ ...

... Si Différents_

De moi...

A L'Horizon_
Précis_ des Corolles

Empourprées

Ni Noir_ Ni
Blanc_ Ne Demeurent

Mais_ L'Envie_
x La Vie_

Seulement...

Par Partage/s_ x

Fraternité/s... ... !

'AKA'

119.

J'Etais_ Un Frère_ Parmi Vous

x Vous Ne M'Avez Pas_ Connu... ...

La Rose_ Est Andalouse_

*x L'Origine_*

Est L'Épouse_ du Vœux_

De Boire, du Vin_

x De Succomber_ Bon_ *Derviche...*

Fakir_ ...

Hirsute_ Barbe

*Bonnet_ Pourpre_*

x Robe_ Virevoltante D'Éclat_

X de_ Lumière... _Une.

120.

Je *Suis_*
L'Imam_ du Raisin...

Je Suis *L'Imam_*
*D'Ivresse/s Dignes_*

Adepte_ des
Corolles_ *Aux*
Parfum_ de
Pêche/s...

Aux_ *Essences_*
*De Nectarine/s_*

x D'Al Khôl_
Tranquille... ... !

... Dans_ Le Bon Vin,
Est La Solution_
A La Folie_

Dans *L'Égarement_*
*Beau_*
La Vertu_ de Rire,
x D'Aimer...

'AKA'

121.

*Il N'Y a Rien_*
*A Comprendre_*
De L'Obscurité...

X La Rose Noire_
Est de Perse_

*Sous_ Le Beau_*
Nom de Fatima...

*Auréolé_ de L' Éclat_*
De L'Aube...

... Par_ Celui_ qui
Est_ Un...

*x Par_ Celui_*
Qui Est Élevé... ...

*Le Vin_ Sera_*
*Salutaire_*

*En Iran_ Comme_*
*A L'Horizon_*

Andalou... ... !

'AKA'

122.

*Entre_ Deux_
Vins_
De Créolité/s...*

Entre_ Deux_
Masques_ *de
Géométrisme/s_*
Nègre/s...

*L'Afro/Latin_*

A L'Aphorisme_
Ambidextre_

A Vu_ *Le Miroir_
De L'Arabe_ x du
Maure...*

... L'Andalousie_
Parfaite... x Prude.

'AKA'

123.

Les Nues_ de
L'Aube_

Ont Dévoilé_
Un Soleil_
Pourpre... ...

*Telle_ La Lune_
A Son Summum*

Environnée_
De L'Éclat_ de
La Nuit_

*La Plus_ Sourde_*

*La Plus_
Tranquille_*

Le Vin_ Est
Si Bon_

*Qu'On En
Oublie,
Les Couleurs_
Du Soir...*

'AKA'

124.

La Beauté_ du
Contraste_

Est Dans_ La
Fleur_
D'Iran... ...

*L'Ambivalence_
Du Certain_*

*Est Un_ Doux
Parfum D'Arabica...*

... L'Ivresse_
Du Café_

*A La Couleur_
De L'Al Khôl_*

*A Un_ Pourpre_
Près_*

x Au Grain_ *de
Kawa_
Par Défaut.*

'AKA'

125.

Le Maure_ *Détiens_*
La Rose... ...

*X_*
*Elle_ Est, Andalouse_*

x Elle_ Est_ de Couleur,
*Pourpre_ de Velours_*
Ors_ x Parfumés...

*L'Al Khôl_*
*x L'Ivresse_*
*Sont Siennes_*

En Vertu_
Du Pari_ du
Partage... ...

Entre_ Derviches,
x Fous_ de Vin... ... !

'AKA'

126.

*Je Suis_*
L'Imam_ du Raisin

Je Suis_ *Imam_*
Pour de Rire...

Je Suis_
Imam_ *Pour*
Souffrir...

Pour Le Goût_
D'Un Verre_ de
Vin

x Le Parfum_ de
La Beauté_ d'Une
Fleur...

*x Le Sourire_*
De La Lune_ Haute.

*x Le Tiens_*
Aussi... ...!

'AKA'

127.

La Plus_ Grande
Ruse_ du
Mieux_ Est
D'Avoir Fait
Croire_ qu'Il
Existe_ … !

Je Sais_ que
*Le Bien_* Est dans
Un Verre_ *de Vin...*

Je Sais_ que_
Tu Es_ Maure_ x de
Blanc_ Vêtu...

Ô, Frère... … !

'AKA'

128.

Je me Suis_
Réjouis_
Pour Les Autres_

... Je N'Ai_ Rien
Gagné_

x J'Ai Tout Perdu.

... J'Ai_ Un
Verre_ de Vin,
Pour Consolation...

A L'Abri_ des
Horizons_ Les Plus,
Empourprés...

'AKA'

129.

Quand_ On
T'Appelle...

Il Ne Faut_
Pas Répondre_

Nécessairement

*Ou_ par_
Obligation...*

Quand On_
T'Appelle... ...

Je Te Le Dis_
Par Décence... ...

*Il Faut Mieux_
Boire Un Verre,
De Vin_*

Que de Savoir_ ce
Qu'Il En Est...

'AKA'

130.

Tel_ Un Fakir,
Surmontant_
La_
Douleur...

J'Entrevois,
*Le Factuel_*
Éclipsé, par Les
*Aurores_*

En
Cercle_ de Feu
Du Matin...

Se Métamorphoser,
En Tourbillon/s
De Roses...

Rouges_ x Ors...

'AKA'

131.

Je Suis_
Rentré_ dans
Des Histoires_
De
Fleurs...

Ô, Roseraies_
De Beaux,
Drames... ...

Les Tourments,
*De Parfums_*

Font_ des
*Beaux Vers_*
De Derviches...

Lorsque_ La
Courbe_ du
Verre_

*Est Délicieuse_*

Telle_ La
Lune_ x Le Vin,
Pourpre...

'AKA'

132.

L'Héritage_
Andalou_

S'Est_ Répandu,

A Travers_
Les Îles...

*Les Contrées_
x_ Les_ Mers...*

... *En_ Poésie_ de
Fleurs_*

x En_ Parfum_
De Rosace/s...

Partout_
*Où La_
Presqu'Île,
Est Multiple...*

*La Terre_ Mère_
Est Une...*

'AKA'

133.

*De Cuba_ A
Rio_ de Janeiro*

... De La Côte_ du
Cœur_ du
Monde...

*Au Souvenir_
De L'Asie_
Suprême...*

*Avec L'Orient_
Pour Refuge...*

Enivrant_

*Est Le Parfum_
De la Rose_
Andalouse_*

*Qui m'A Vu_
Vêtu_ de Blanc_
x La Bouche Close.*

'AKA'

134.

La Rose_ Noire
N'A pas
Donné_ Son
Nom...

Elle Est_ Sombre
*x D'Elle_*
Tu Ne Sais Rien...

La Lumière_
Est Venue_

x L'Aurore_
A Fait_ Fleurir_

Sa Corolle... ...

De Beauté_ x_
De Belles Ondes...

... La Perse_ Est
*Comme_ Son Joli_*
*Cœur_*

Si Nu...

*x Ses Pétales_*
*Des Tourments_*
Si Prudes_ d'Amour de
Jeunesse...

135.

5%_ de Frères_
Ont Pris_
Parti_ Pour La
Lumière...

*Avec_ Les_
Maures_ Pour
Prédécesseurs...*

Dans L'Andalousie,
Parallèle_
Réelle_
Ou_ Héritée...

*A Travers_
Maintes_ Madrassas_
Sphères_ de
Désert_
X_ Sur d'Autres_
Horizons_*

Afin que Tu
Saches_ Que Le Réel,
N'Est Pas Sombre...

'AKA'

136.

J'Ai_ des Frères_
Dispersés_
De Par Le Monde

Qui_ Ont_
Oublié_
Leurs Racines...

*... Il Y a Une
Rose Qui Brille_
Pour Eux...*

De Par L'Éclat_ de
Sa Beauté...

Elle Est_
Andalouse... ...

*Elle Est_ de Clarté_
Douce_ x_
Empourprée...*

'AKA'

137.

Les Maures_
Portent Le
Sabre_ x Le
Fez...

Rouge_
Éclatant_ Pour
L'Un_

... Courbé_ x
Tranchant_
Pour L'Autre_

*En Attendant_*
L'Avènement_ de
*La Corolle_*
*Par L'Éclair_*

En L'Horizon_
D'Un_ Occident_
Empourpré...

'AKA'

138.

Comme_ *En Un
Jardin_
Andalou...*

Où_ Les Doigts
De Fées_

Se Promènent

Sur_ des Harpes
Jolies de
Cambrures...

*J'Observe...
Les Daims_
Les Corolles_ x
Les Papillons...*

Me Proposer_
Des Visions,
En Dehors du
Temps...

'AKA'

139.

Je Suis, Le Frère_
Ivre_ Occulté_
Par Un Verre_ de
Vin...

*Dansant_ Sur_*
*Les Dunes_*
En Fleurs... ...

Libre_ Telle_ Une
Gazelle_

Vêtue_ de Pourpre

*x La Lune, Haute_*

Esquissée_ À Son
Summum...

'AKA'

140.

*Mon Érudition_
Est de Boire_ Un
Verre de Vin.*

*Mon Savoir_*

*Est_ de Danser_
Sous La Lune_
Haute...*

Je Suis L'Imam
Du Raisin_

Je Prêche_ Art_
Beauté_

x Poésie_ ...

x Bonté_ de
Derviche/s_

*Au/x Cœur/s_
Épanoui/s_*

*Telle_ Une Corolle,
De Rose...*

'AKA'

141.

Si_ Je Suis
Né Maure_

*x René_
Sarrasin... ...*

L'Occident_
Finira-T-Il_
Par m'Occire...?

*J'Oriente_*
Le Débat_ *Vers,*
*L'Asie_ Détenant_
Les Astres_*

*Pour La Gloire_
D'Une Lune_
Pourpre...*

x D'Un Cœur_
Fleuri...

*Pour des Refuges,
D'Orient_*

Rayonnant_
En Toute/s_ Humanité/s... ...

*x La Beauté_
d'Un Crépuscule_ Autre...*

142.

Les Jardins_
Andalous...

Éclos_ Sous
La Haute Lune,
Albe x Sereine... ...

Auront_ Vertu_ A,
Fleurir_ de
Nouveau_

Si_ Le
Soleil_ se Lève Un Jour_
A L'Occident...

'AKA'

143.

Je Veux_ du
Vin_

Pour Guérir_ de
Mes Blessures...

X L'Ivoire_ de
La Lune_
En Antidote_
Des Marées_
D'Hémoglobine/s... ...

Par_ La Lumière,
Qui Brille_
A Travers_ La
Nuit...

*Si Les Jardins_*
*Fleurissent_*
A L'Ouest...

C'Est_ que
L'Orient_ Est
Suprême...

Par La Lune, Haute.

'AKA'

144.

La Fleur_
La Plus_ *Chaste,*
*Est d'Une_*
*Blancheur_*
Étrangement_
Nègre...

Toutes_ Les
Teintes_ *Albes*
x *Les Blancheurs_*
Ne Sont Pas_ Les
Mêmes...

A L'Horizon_
Maure_
Des Collines_
Espérées...
De La Stricte_
Poésie...

Il_ Y a Une
Fleur_ *Pourpre_*
Qui Dit Les
*Silences_*
*Des Lueurs_* du
Matin...

'AKA'

145.

*La Diversité_ A Eu_ Son_
Maître Mot...*

*Dans Les Jardins,
Fleuris_
De La Lune_
Sans_ Dualité... ...*

*Sans Que_
L'Andalousie_
N'Ait_ Eu_ A se
Prononcer_*

*Sur
Les Origines_* des
Uns_ x des Autres... ...

Mauritanie_ d'Occident...
Attendant_ Le Pourpre_

Où_ Est Ton Héritage...?

... Les Allées_ de
Buissons_ En
Arabesques_
*Verront-T-Elles_
Pousser_
Des Fleurs Rouges... ...?*

146.

Je Veux_
Voir_ *Une Colombe
Libre...*

Je Veux_ *Voir,
Une Colombe_
Libre_ de Voler
x d'Aimer...* ...

Par Delà_ Les
Horizons_
Maures_
Des Jardins_
Fleuris...

La Lune_ s'Est
Manifestée_ En
Bel Oiseau_
Blanc_ de Pureté_
Sans *Contraire_*

*Par Amour_ x_
Dignité...*

'AKA'

147.

*Combien_ de Maures_*
*Calligraphient_*
*La Liberté_*
*En Madrassas_*
*Invisibles_ Pour_*
*Que Tu Sois_*
Appellé_ Frère...

_?

Dans_ La
*Diversité_*
Est L'Appel_ A
Aimer_ Plus
Loin que Les Autres.

Il N'Y a pas de
Limite_ Autre que
La Fleur_ Rouge...

Viens Boire_ du
Vin, Avec moi_ Ô, Frère

*Lo Lune_ Est_*
Douce_ x Prête_ A
T'Éclairer... De Lumière Pure.

'AKA'

148.

J'Ai Été_
Saisi_ Par La_
Beauté_ d'Une
Rose...

Je L'Ai_
Conquise...

Puis, Je L'Ai_
Perdue...

Après_ Reconquête

Je L'Ai_ Aimée_
Encore...

*J'Ai_ Eté_*
Saisi_ Par La
Beauté_ d'Une
Fleur...

*x Je_ Suis_*
Maure...

*Pour qu'Elle_*
Soit_ Belle_ Pour
Toujours... ... Avertie.

'AKA'

149.

*Qui_ Voit_
Le Mal...*

*Ne Connaît_
Pas La Fleur...*

*Qui_ Connaît_
La Fleur_
N'Y Voit_ Pas
De Mal...*

L'Andalouse_
Corolle_
N'Est Pas_ *La
Drôle_ Orée_
Des Tourmentés... ...*

Car_ Les Amours_
Innocents_
Sont Ceux_ qui
Font_ Le Plus_
Mal_

*Mais_ Sans
Blessure/s...*

Aux Cœurs_ Avertis.

'AKA'

150.

*La Rose_ Est
Andalouse...*

*De Chaque_ Pétale
Émane_ La Rosée...*

Le Cœur_ de
La Fleur_ Est
Le Plaisir_ d'Aimer

De Manière_
Prude_ x Juste_
Éprouvée_ Par La
Peur...

'AKA'

151.

La Rose_ Éclose,
*De Perse_ Est_*
Noire...

x Elle_ A_
Autant_ *de Noms*
Que de Fragrances,
x De Parfums...

*Les Essences_*
*Des Tourments_*
*Des Amours_*
*Les Plus Prudes_*

N'Ont_ Pas_
Assez_ Éclos_
Les Cœurs_

*Pour Dire_*
*A Quel Point_*
*Elle Est Humble_*

De Néant_ x
D'Inexistence/s...
Purs... ...!

'AKA'

152.

Le Maure_ Connaît,
L'Art_ des
Calligraphies_
Silencieuses_

Qui Font_ Passer_
L'Érudition_
Pour_ Un Alizé_
De Brises_ x de
Détails...

*Que Tu_ Sois_*
Au Portugal_ Ou

*Que Tu Médites_*
*Sur Les Collines_*
*De L'Espagne_*

Je Te Dirai_
Toujours_

Non, Un *Christo*
*Negro_* N'A pas de
Sens...

La Rose_ Est_
Andalouse... ...!

'AKA'

153.

La Rose_ de Perse_
Est Noire_
Mais Elle_ Est de
Lumière...

La Beauté_ Andalouse,
*Est Un Amour_*
*De Jeunesse_*
Subtilisé... ...

Conquis_ Puis,
Reconquis_

Perdu_ Puis,
Retrouvé... x Perdu,

Dans Les Confins_
Des Arts x des
Cultures_

... Des Jardins_ de
*Roseraies_*

*Délicats_ En Pétales_*
*De Grâce_*

Sans Jamais_ Que
La Fleur_ Ne Soit_ *Acquise... ...*

'AKA'

154.

La Perse_
Multidimensionnelle

x L'Ibérie_
Rayonnante... ...

Se Croisent_ Puis,
Se Perdent_

Sans Jamais_
Se Rencontrer...

*La Rose_ Noire_
Est d'Iran_*

*La Beauté_ des
Jardins_ Est
Andalouse...*

Les Pétales_
Intrigants_

Ont Vaincu_
L'Énigme_ x Le
Mystère...

'AKA'

155.

Le Parfum_ Est,
Un...

Mais_ Les
Tourments_ Sont
Multiples...

La Gloire_ de
La Beauté_

*Est d'Evoquer_*
Mille x Un Voyages...

Par La Grâce_ de
Sa Corolle_
Fleurie_ x Ronde...

*Au_ Cœur_ Si Juste_*

'AKA'

156.

J'Ai Retrouvé_
La Voie_ du
Parfum...

Les Essences_ x
Les Noms_

Comme_ des Perles,
*Comptées_ Au_ Gré_ Des Brises_*
x des Alizés_ Délicieux... ...

Ont Révélé_ *L'Insondable...*

*Béni_ de Fleurs_*

*Auréolé_ de Corolles_*

Parfait_ En Pureté_

Sans Contraire/s_

x Jolies_ *A*

*En Rendre_ Grâce/s_*

Un Soupir... ... !

'AKA'

157.

Ton_ Parfum_
Je m'En Rappelle_
Encore_

Ô, Fleur_ de
Souvenir/s_ x
D'Oubli...

*Perdu_ En des
Jardins_*

*x Décors_ de Pure_
Beauté_ de Pétales...*

Je me Demande_
Maintenant_

*Ce que_ Aimer_
Veut_ Dire_*

Puis, Compte_ des
Perles...

'AKA'

158.

La Rose_ Est,
Andalouse_

x Son Parfum_

De Délice/s_
Meurtrier/s_

a Fait de_ moi,
Un Maure_

Vêtu_ d'Un
*Vêtement Blanc_*
*Orné_ d'Arabesques_*

x De Liserés_
Floraux... ...

'AKA'

159.

Andalouse_ Est,
La Rose_ Blanche...

... De Persitude_
Est, La Rose
Noire... ...

... *Je T'Avertis*

Que Le Vin,

Est_ La Voie

*Vers_ L'Un_*

Aux Mille x Un_
Reflets_

*Sans Miroirs_*

*... Ivoire_*

*Est_ La Nuit_
Sombre_*

*D'Ébène/s_*

Redouté/s_ x

Maure/s... ....!

160.

J'Ai Cru_ Au
Plus Sobre... ...

Des Sobres_

x J'Ai_ Eu_
Tord_

... Ça A Sauvé_
Ma Vie...

Depuis_

Je Bois du
Vin_

x Prie_ Pour
Que Le Raisin...

Donne A La
Raison_

Une Saveur_
D'Ivresse/s x de
Fleurs...

'AKA'

161.

La Fleur_
Rayonne... ...

Elle_ Rayonne_
De Clarté...

La Fleur_
Rayonne_

Elle_ Rayonne_
De Beauté...

Des Éclats_ de
L'Aube_

Elle_ Est_
Vraiment_

Trop_ Jolie...

Elle_ Est_
Tellement_

Parfumée... ...

Que La Vie_
Est_

Une, Presqu'Île.

162.

Un *Christo_ Negro*...

N'Est_ pas_
Un Maure_

x Un_ Maure_
N'Est Pas_ Un

Christo_ Negro.

La Haute_ Lune,
A Fini_

Par Mettre_
D'Accord_

Celui_ Qui, Est,

*De Blanc_ Vêtu_*

*x La Corolle_*
*Noire_*
Sombre_ de Perse...

Au_ Nom_ d'Un_
Verre_ de Vin... ...!

... *x D'Une Ivresse_*

Des Plus, Salutaires... ...

163.

A La Manière_ de
Muhyi-d-dîn_
Méditant_ Sur
Le Temple_
Du_ Cœur...

Guidé_ Par_
Les_ Parfums...

Lors_ d'Un_
Pèlerinage_
Spirituel... ...

*Devenu_ Abrupte_
Par Le Vin_*

Sur_ La Voie_
Du Réel, Pur...

*Il Y a_ Trop,
De Place_ dans
Mon Torse_*

Pour Ne Pas
Aimer_ Mes Frères_
x Les Gazelles...

'AKA'

164.

Une Colombe_
Très Douce_ Au
Poitrail_
Velouté_

M'Apporte_ La
Nouvelle_
D'Une Aube_ Aux
Aurores_

Qui Précède_
La Danse... ...

... En Transe_

Le Derviche_

Bat_ des Ailes_
Par Bras_ Tendus_

Dessinant_ Les
Cercles_ du
Martyr... ...

... A Vue...

En Transe_

Le Derviche_

Par Cœur_ Très
Sûr_

Atteint_ Les
Confins_ des Horizons

Par_ Vertu_
Concentrique... ...

165.

Entre_ Le
Sombre_ x
L'Innocence...

J'Aperçois_ Un
Verre_ de Vin...

*x L'Arabité_ Comme,
Salut_*

En_ Envol_ de
Colombe_

Libre_ x

Inespérée... ...

'AKA'

166.

Ceux_ qui
Boivent_ du Vin

x Ceux_ qui
N'En_ Boivent pas
Se Sont_
Séparés_ *A
L'Aube_ d'Une
Nouvelle_ Ère*... ...

L'Avènement_ du
Raisin_
Viendra_ A Bout,
De La *Confusion*... ...

*Au_ Nom_ des
Fleurs_ du Néant*...

x Pour_ L'Humble,
Gloire_ des
Derviches... ...

/Dans Les_ Horizons
De L'Asymétrie_
Paradisiaque... .../

'AKA'

167.

A L'Ombre_
Du Paradis,
Du_ Néant...

Les_ Lèvres_
Aux Abords_
D'Une_ Coupe
De Vin...

Je Prends_
Plaisir_

À Ne_ pas
Être_
Dieu......

x_ A compter_
Les Pétales,
Des_ Fleurs_

Quand_ Même...

'AKA'

168.

Si_ Je Sens_
Que Tu m'Aimes_

Je Ne_
Demanderai_ pas
De Preuves
D'Amour... ...

L'Al Khôl_ M'Arabise_

Comme_
La Brise_
x_ Le Sahara...

La Corolle_
Aux Détours_ de
L'Ivresse_

A Attesté_ du
Réel_ du *Néantissime*

Ses Pétales_
x Effluves_ de
Caresses_

Tournoient_
Comme_ *La Robe_
Du Qalandar_ x Les
Oiseaux...*

169.

Traversant_ Le
Désert_
En Zig Zag_
x Ivres_
Sont_ Les
Seigneurs_ de
L'Ivresse...

De Voiles_ x
Étoffes_ Albes,
Devenues_
Pourpres_ Par
La Danse_ x Les
Mélodies_

De La Brise_
Caressant_ Les Dunes_

Ils_ Sont_ Drapés_
x_ Leurs_
Vêtements_ Sont,
Virevoltants_

D'Étourdissement...

Face_ Au_ Néant_
x A_ Ses Fleurs... Les Plus *Enivresques*

'AKA'

170.

Comme_ Une
Rose_ Noire_
Aux *Éphélides_*
*Ivoire_*
Issues_ de La
Lune... ...

En Étincelles_
De Dunes_
De Déserts_
Anciens_ x
Oubliés...

Tu T'Es_ Ornée,
De Grâces_ x
D'Embellie/s...

En Promesse_
De Terme/s x de
Début/s_ Onirique/s

Ô, Keffieh_ de
Fraternité...

Évocation/s_ du Néant
De Songes_ Illustres.

'AKA'

171.

Comme_ Un
Keffieh_ de
Motifs_ Uniques

Une Mosaïque_
De Couleurs_
Au Contraste_
Sans Doubles...

Mille_ x Un_
Peuples_
Vivaient_ Au
Sein_ de
L'Andalousie...

x Mille_ x Un_
Sols_
Ont_ Vu Fleurir_
L'Ivresse_

Pour_ Un Songe_
x Un Espoir_

De Bonté_
Fraternelle_ de
Cœur_
x D'Oubli/s...

'AKA'

172.

Noir x Blanc,
Comme_
Un Keffieh...

Virevoltant_
Comme_
Un Oiseau_
Libre... ...

Jusqu'Aux_
Confins_
Des_ Déserts_
X Dunes...

Je Suis_ Le
Contraste_
Arabique... ...

Qui_ me Mène
*Vers_ Une_*
Mauritanie Nouvelle...

Aux Jardins_ de
Corolles Blanches

d'Andalousie_
Attestée...

A La Victoire_
Universelle, *Promise.*

173.

Les Pétales
Virevoltent_ À
Travers_ Le
Temps...

Le Souvenir_
Vit_ Dans,
L'Instant_ qui Ne
Passe, Jamais...

*Une_ Perle_*
*A Compté_ A_*
*Jamais_*
Dans_ Mes_ Mains

En_ Grâces...
X Embellies de Jaspe/s

Car_ La_ Rose
Noire... Est Le
Sceau_ du Garçon

Courageux...

X Ivre_ de Clarté...

'AKA'

174.

*Si_ Je N'Avais_*
*Pas Eté_*
Blanc_ Aurais-Tu
Voulu_ de moi...?

Si_ Je Ne L'Avais
*Été_*
*M'Auraient-Ils_*
Tous_ Refusé... ...?

Le Verre_ de
Vin_ *Est Le Summum_*
*D'Un Cœur_* Libéré... ...

Des Entraves_ des
Ronces_ x de
La Certitude...

Au_ Delà_
du Contraste_ de
L'Arabité_
Résolue... ...

Vêtu_ d'Un_
Blanc_ Orné_ de
Liserés_ Floraux_

Qui Penses-Tu_ que
Je Suis...?

175.

On_ Ne Parie
Pas_ Sur
Un Oiseau...

Nul_ Ne Sait_
Où_ La
Brise_ Le
Mènera...

Saches_ que
L'Al Khôl_ Est
Sacré...

L'Ivresse_ des
Fleurs_
N'A pas Donné_
Son Nom...

'AKA'

176.

Mes_ Amours_
De Jeunesse_
Éclipsés_
Par L'Oubli...

M'Ont_ Vu_
M'Empourprer_
*La Tronche_*
*A Flots_*
*d'Arabesques_*
D'Ivresse/s de Fleurs...

Le Sabre_ de
La Lune_
Tranche_ Les
Désidératas_
En Deux... ...

Je Suis_
Érudit_ *d'Arabisme,*
*Persan_* Prêchant
Une Rose Noire...

... Maure_ Vêtu_ de
Blanc_ *d'Un*
Médiévisme_ Futuristique.

'AKA'

177.

Il N'Y A Pas de
Gloire_ En
Amour...

Sinon_ Celle_
Du Vin_
Qui Coule
A Flot_

x Qui Fait_
Naître_ des
Fleurs...

Sur Le Chemin_
Des Derviches_

x Du_ Salut_ des
Sans Salut_
De L'Ivresse...

'AKA'

178.

*Ma Religion_*
Est de_
Boire_ du Vin_
X_ de

Prier_ Sur Tapis
Rouge...

... J'Ai_ Marché,
Droit,

Toute ma Vie,

Pour_ Récolter
Des Orties_
X_ des Ronces...

... *Je Finirai_ Ivre_*
*Mort_*

De Gnôle_ de
Fleurs_ x de Poèmes.

'AKA'

179.

Les Austérités_
M'Ont_ Trouvé_
Trop_ Épris_ de
Fleurs...

J'Ai Décidé_ de
Boire du Vin_
Par Sincérité...

x De Compter_
Des Pétales_ Sur
Le Chemin_ de
L'Ivresse_ Sans
Retour... ...

'AKA'

180.

La Plus
Blanche des
Fleurs_

Est_ d'Une
Clarté_ Sans
Contraire...

C'Est_ Le Cygne
Qui me L'A_ Dit

... Je Le Crois_
Car_
Il N'A_ Jamais
Été_ *Noir*... ...

'AKA'

181.

Ne Fais Pas
La Différence_
Entre_ Un Frère
x Un Autre...

La Couleur_ Ne
Les Séparera Pas...

L'Art_ de Parler_
Le Langage_ des
Maures_

Est Celui_ de Ne
Plus Croire_
Aux Dilemmes...

'AKA'

182.

Un Arabe_ Est_
Toujours_ *Le
Frère d'Un Maure...*

Que se Soit_
Autour d'Une Coupe
De Vin_

Ou_
De 5%_ d'Éclairés...

N'Ayant_ Pas Pris_
Un Éclat_ pour Une
Tombe...

*Je Saisi_ L'Ivresse_
En Clarté_*

Comme_ Voie_ de
Salut_ des Sans
Salut...

Sur L'Horizon_
De *L'Arabisme_ Le
Plus Imprévisible...*

'AKA'

183.

Le Verre de
Vin_ *Est*
*La Direction_*
De Ma Prière...

A Ses Abords_
Ont Fleuri,

Des Corolles_
D'Évasion/s x
De Bonté Pure...

Ivre de Parfum,

*Je Danse_*
Jusqu'à L'Ascension,

Des Pétales,
De La Limite...

Jamais Conquise,
Toujours Abstruse_

Du Pardon,
Parfait_
D'Être Soul...

'AKA'

184.

Un Arabe_ Est_
Toujours *Le*
Frère d'Un Maure...

J'Ai_ *La*
Nostalgie_ de
L'Unité, du Désert.

x Des Oasis
Parsemée de Fleurs.

De La Coupe_ du
Vin Issu, des Grains
Qui Élèvent...

x Des Parfums_

Sereins_

De Clarté...

De L'Ivresse;

Impromptue...

'AKA'

185.

*Dieu_* Est_ Un
Mauvais_ *Prétexte...*

x Il Ne Justifiera
*Jamais Rien_*

J'Ai_ Une Coupe
De Vin_
A Ma Portée...

Pour Trouver_
Un Issue_
Au Creux de
L'Impasse... ...

'AKA'

186.

Entre_ La Rosée,
x Le Parfum...

Les Pétales_
De La Rose_

Évoquent_

La Question, de
Savoir_

*Si L'Amour_
Existe_ ou Pas...*

... Aux Aguets_
De L'Aurore_

Oblatif...

*Je me Verse_
Un Verre_ de Vin*

x L'Ivresse_
Fait Fleurir_
Mon Cœur_

D'Un Rien_ x
D'Une Brise... ...

187.

La Plus_
Blanche_ des
Fleurs_
Reste_

Blanche...

... Sans Une
Ombre_ A
Ses Pétales...

... Il N'Y a
Pas de Nuit_
Pour_ Lui Porter

Obscurité...

Il N'Y a pas
D'Andalousie_

Qui Ne Disperse_
La Rosée_

Pourpre_

Aux Quatre_ Coins,
Du Monde...

'AKA'

188.

Je Bois_ du
Vin_

x J'Honore_
Le Raisin...

Si_ Tu As
Le Cœur, Averti

Je T'Invite_
A Faire_ de Même...

*Si Quelqu'Un
Te Juge_
Il Verra Vite_ Où
ça Le Mène...*

*... Si Tu Bois_
Le Jus_
Tu Ne Penseras_
Plus A Rien...*

'AKA'

189.

Je Prône_ *La Rose_*
x *L'Arabisme*... ...

Je Prône_ *La
Coupe_ de Vin_* x

Les Arabesques...

L'Horizon_
Circulaire_ A
Vaincu_ L'Azur...

*La Raison_ des
Raisins_ de L'Ivresse*

Fait Fleurir_
Les Cœurs_ Doux_ x

Avertis... ...

'AKA'

Les Jardins Andalous

Amours Courtois x Horizons Mauresques

Entre_ Deux_ Fleurs_

Il Faut_ Choisir_
La Corolle_ Unique_

X_ Sans Doute/s...

Que Nul_
N'A_ Jamais Vue_

'AKA'

Se Perdre_ Ou se
Retrouver Dans_ des
Jardins_

Ne Dépend_ que de
La Bonté_ du
Cœur_

x Du Parfum_ Prude_ de
*La Fleur_*
Comme Issue...

En Éclats_ de L'Aube...

'AKA'

I/

Les Allées_ des
Roseraies_ Sont
Dessinées_ En
Arabesques_ Closes.

J'Ai_ Rendez-Vous,
Avec La Dangereuse...
*Dulcinée_*
Qui Effaça_ Mes
Amours de Jeunesse...

Ceux_ qu'On Ne
Renie Pas...

Sans La Douleur_
D'Ignorer...

Qui Est_ Seigneur
x Maitre_

Si_ ce N'Est_
Le Maure_ qui Est
De Blanc Vêtu...

II/

Il Y a_ des
Fleurs_ que L'On
Aime_

x Il Y a_ des
Fleurs_ que L'On
Respire...

La Rose_ Est_
Andalouse...

X_ Ses_ Pétales_
Sont Nombreux_
Mais Jamais_
Doubles...

La Corolle_ Est
Blanche, x Albement
Nègre... *Mais_ Point_ Maure.*

La Vertu_ de La
Rosée_ Pourpre_
De Nuit...

La Rendue_ Plus
Apte_ A Aimer_
L'Autre...

Sans Jamais_
Dire_ *Qu'Elle Ne Fut_*
Dite_ Sombre...

III/

Les Doux_ Parfums
Sont Enivrants...

x Je Marche_
Sans *Savoir qui
Je Suis*_

Afin_ que Les
Jardins_ me
Révèlent...

Les Couleurs_
De L'Amour que
J'Ai_ Oublié...

J'Ai Aimé_ Plus
Que de Raison...

J'Ai_ Appris_
A Compter_ Les
Perles, du Raisin

Les Fleurs_ Les
Plus Empourprées_
M'Ont Donné_
La Saison_ des
Idylles_ Incolores...

IV/

Qu'Est-ce Donc_
Qu'Un Piège...?

Sinon_ Une
Coloration_ *Sans
Fleur Mûre*...

Qu'Est-ce Donc_
Qu'Une Impasse_
Redoutée_
Sinon_ La Beauté_
De Se Savoir_
Fichu...

Un Foulard_
A Voilé_ La
Clarté_ d'Une

Caresse_ Qui Ne
Demandait_ que
L'Aube...

Aurore/s...!

Je Suis_ Maure_
Parce_ que Trahi...
D'Avoir Aimé...

Un Instant_ de Trop.

Une Chair_ A La
Couleur_ qui Fait Mal.

V/

Ô_ Mon Amour
De Jeunesse...

Ô, Clarté_ de
Lune_ Sans Dualité...

Dans_ Le Piège_
Est_ La
Gravité_ qui
Fait Chuter_ Les
Pétales_

En Pluie/s_
Fine/s_ x Délicate/s_
De Pourpre/s...

J'Ai_ L'Innocence_
D'Un Enfant_

Mais_ Aussi_
La Belle Âme d'Un
Guerrier...

Pour Savoir_ Dire_
Des Poèmes_

A Celle_ Qui
M'A Aimé_

Sans_ Être_
L'Une_ Couronnée_
De L'Once...

A_ Toi_ La
Couronne_ de Clarté_

Ô_ Corolle_ des
Senteurs_ Douces...
x Prudes...

VI/

Ton Visage_
Est Un...

Mon Vêtement_ Est,
De Lin_ x de Soie...

Ta Chevelure_ Est
Ébène_ de Laine_

Soyeuse...

Ta Figure_ de
Porcelaine_
Telle_ Celle_ de
Chine...

... Si_ La Lune_
Est Le Visage_
De L'Unité...

C'Est que L'Asie_
Est Suprême_
Détenant_ Les
Astres... ...

La Rose_ Est_
Andalouse_ Par Delà,
La Beauté...

Le Vin_ Est_
L'Oubli_ du Souvenir
De L'Impasse... Si Traître...

VII/

Cette_ Rose_
Est Blanche_ Mais

La Nuit_ Est_ de
Clarté...

Puisque_ Les_
Pétales_ Sont Doux_

Comme_ La Lune_
Est Pourpre_

D'Avoir Aimé...

Deux_ Beaux_
Amis_

Qui Ne se Sont_
Jamais_ Vu...

... Les Jardins_
Andalous_

Sont Les_
Labyrinthes_ Les_
Plus Sûrs...

En Amours_ de
Jeunesse_ Clairs...

'AKA'

- FIN -

La Religion_ A
Échoué_

Là Où_ Le Derviche_
A Su s'Enivrer_
De Vin_
Pour de Bon_

...

'AKA'

Je Poétise_ Sur_
Les Fleurs X Les Oiseaux...

Comprenne Qui
Pourra_

...

'AKA'

Bio x Infos

Bio/Infos/Bibliographie /Liens /Discographie X Vidéographie

Je Suis_ L'Andalou_
Exilé_ de Sa_
Péninsule...

X_ Perdu_
Dans_ Le Flot_ Tumultueux,
Des Origines...

Occulté_ Par
L'Ivresse_ x Le
Teint_ de
L'Ivrogne...

Pour_ Une Fleur
Convoitée_
Mais_ Jamais
Conquise... ...

'AKA'

Bio

AKA Louis est un Poète et Créateur de Dessins Artistiques, Auteur d'Opus Poétiques Littéraires, Audio et Visuels. AKA Louis publie régulièrement de nombreux ouvrages, parmi lesquels, des Recueils de Poésie, évocateurs, et rafraîchissants, ainsi que quelques Recueils d'Esquisses Couleur, accompagnés de Textes liés à des thèmes forts et inspirants.
Les Dessins Artistiques d'AKA Louis, sont des Créations qu'il nomme 'Esquisses Colorées', et qui se situent entre le Dessin et la Peinture...
Pour exprimer et partager, son goût d'une Vie Intérieure fleurie, et positive, AKA Louis utilise les Feutres à Alcool, Les Pinceaux, L'Encre de Chine, et toute une variété de pointes fines et biseau traçant la Beauté du Monde, et l'Originalité saisissante de l'Art de Vivre authentique.
Les Œuvres Graphiques d'AKA Louis tendent, en partie, à se diriger vers la Peinture sous une forme expressive et abstraite...
Le Nom de Plume d'AKA Louis, fait d'abord référence, par Jeu Phonétique, au vocabulaire Japonais, mais peut aussi s'interpréter selon une lecture originale de différentes Langues Orientales.

On y retrouve les Notions de 'Frère Ainé', d'émotions liées à la Couleur Rouge, à la Clarté et à la Lumière, ainsi qu'à l'Ivresse, à la Marge et au Plaisir de Vivre. AKA Louis est également Musicien et Lyriciste sous un autre nom d'Artiste, en tant qu'Auteur, Compositeur, et Interprète de nombreux Projets Musicaux.

Contact

akalouis.plume@yahoo.fr

- Liens -

Twitter

@AKALouisPoete

https://twitter.com/AKALouisPoete

Facebook

https://www.facebook.com/akalouisecrivain/

YouTube

Chaîne :

AKA Louis/Poète x Illustrateur

Tumblr

http://akalouisecrivain.tumblr.com/

AKA Louis/*Silent N' Wise*

http://akalouis.silentnwise.com/

www.akalouisportfolio.silentnwise.com

Ouvrages de l'Auteur
(Liste Non-Exhaustive)

Les Axiomes Démasqués
(Recueil de Textes et Nouvelles) (2015)

(...)

Le Recueil D'Esquisses Colorées
(63 Croquis Colorés et 7 Textes Poétiques)
(2017)

(...)

The Colored Sketches Collection
(63 Colored Sketches And 7 Poetic Texts) (2017)

...

Derviche/s
(Portraits d'Anachorètes en Peinture/s)
(2018)

Dervish/es
(Portraits of Anchorites in Sketche/s)
(2018)

Le Frère
(Salutations à Mes Frères en Ivresse/s)
(2018)

...

Ô, Rose Noire d'Iran
*(Pèlerinage Vers L'Unité
Interne de La Beauté)*
(2019)

Vision/s
*(Éloge de L'Intuition Pure et de
La Vision Interne Sans Formes)* (2019)

Le Disciple de La Colombe
*(Une Œuvre Poétique En
Hommage à Malcolm X)* (2019)

La Proclamation du Raisin
*(Manifeste Poétique
d'Ivresse/s & de Délivrance)* (2019)

La Rose Andalouse
(Patchwork de Poésie x de Culture/s)
(2020)

Audio x Vidéos
(Opus Sonores x Visuels)

Films Poétiques
(s/ YouTube)

POEMes CRISToLIENs #1
(Créteil, La Cité De L'Aube, Part 1 x 2)

POEMes CRISToLIENs #2
(Peinture Murale, Part 1 x 2)

Un Poète...
(Esquisses de Déclamation/s Poétique/s)

Les Poèmes d'AKA – Série de Vidéos

ô, Rose Noire d'Iran/ *La Déclamation...*

Le Disciple de La Colombe
– *L'Éloge... (A Paraître...)*

Opus Audio
(s/ Bandcamp)

POEMes CRISToLIENs #1
Créteil, La Cité de L'Aube

POEMes CRISToLIENs #2
Peinture Murale
/Un Hommage Au Graffiti

Corolle/s

ô, Rose Noire d'Iran/ La Déclamation

Entre 2 Indes

AKA Louis - Conseils de Lecture /1
(Introduction x Aperçu)

Mes Meilleurs Ouvrages Sont mes Recueils de Poésie. Ce sont les seuls que Je Conseille, aux Lecteurs, désireux, de connaître ma Littérature. Les plus Notables sont, mes derniers Ouvrages, depuis 'Le Recueil d'Esquisses Colorées'. Les Ouvrages Antérieurs Sont Moins Réussis. 'Ivresse de l'Eau', qui évoque le Temps Originel, comme une bonne part de mes livres, de manière plus ou moins évidente, est un Livre intéressant, mais il contient des maladresses, tout comme 'Origine/s', qui reste un Ouvrage audacieux. Mes autres Travaux sont plus ambigus, en termes de valeur littéraire, et d'interpellation du lecteur, selon moi. 'Les Axiomes Démasqués', m'ont valu d'excellents commentaires, et critiques de lecteurs, captivés par sa narration, et sa singularité, mais sa syntaxe, et son esthétique formelle, reste pour ce qui me concerne, plutôt, inaboutie… C'est un livre, particulier, que J'ai écrit, pour régler, une dette, que J'avais envers la Vie… Je ne le conseille pas nécessairement, mais, il reste disponible à la lecture. 'Asymétrie Paradisiaque', et 'Ballade Anti/Philosophique', ne sont plus disponibles depuis le mois de Mars 2018…

AKA Louis - Conseils de Lecture /2
(Les Meilleurs Ouvrages)

Les ouvrages publiés à partir du 'Recueil d'Esquisses Colorées' seront a priori d'un intérêt littéraire plus solide que mes tout premiers travaux poétiques, mais aussi d'une maîtrise plus aboutie en termes de proposition littéraire. 'ô, Rose Noire d'Iran' est, dans le fond comme dans la forme, un de mes meilleurs projets. Voici, dans un ordre aléatoire, une liste de mes ouvrages les plus incontournables :

'Le Recueil d'Esquisses Colorées'
'Derviche/s'
'Le Frère'
'Ô, Rose Noire d'Iran'
'Vision/s'
'Le Disciple de La Colombe'
'La Proclamation du Raisin'

J'Ai Perdu_ mes Origines...

x Je Ne Les
Retrouverai_ pas

*Mes Pas de Derviche
Dans Le Sable_
Des Ères... ...*

*Ont Fait_ du
Temps_ Un Détail,*

Du Désert_ Pourpre... ...

Je Suis_ En Exil_ de Mes_
Origines_ Perdues...

x Je Ne Les
Retrouverai_

Même Pour Un Néant...

Ou Le Parfum d'Une
Fleur...

'AKA'

Lorsque_ La
Corolle_ Est de Couleur
Blanche...
x Que Tout_ Est
Perdu...

Il Ne Reste_ qu'A
Boire Une
Coupe_ de Vin,

Pour Tout Oublier...

x A Ne Se Souvenir_
De Rien_

*... Ô, Andalousie_*

*Toi, La_
Dispersion de Mon
Cœur...*

Par Delà Marées_ x Flots... ...

'AKA'

Si Vous_ Voulez
Avoir Raison_
Vous Aurez Raison

Mais Le Raisin_
Vous Donnera_
Tord...

... Si_ Le Rose_
Est Andalouse_

Il Faudra_ Bien
Du Vin_
Pourpre...

*Pour que Sa
Blancheur_*

*Ne Soit_ Autre
Que celle de L'Aube...*

'AKA'

LA ROSE ANDALOUSE
AKA Louis

J'Ai Étudié_
L'Arabisme_
En Secret_ Puis J'Ai Bu
Un Verre de Vin...

'AKA'

Ô,
Andalousie_
Tu N'Es Plus...

*Mais Les Maures_*
Se Déplaçant_ Dans
Les Temps x Les
Espaces_

Ont La Raison_
De L'Exil_

X_ L'Empourprée_
Coupe_ de Vin_
Pour Eux...

'AKA'